W0397526

Mes purées salées et sucrées

Connectez-vous sur :
www.lamartiniere.fr

Conception graphique : francis m
Mise en page : Natacha Marmouget

© 2004 Éditions Minerva, Genève (Suisse)
ISBN : 2-8307-0739-7
Tous droits de traduction, d'adaptation et de reproduction,
sous quelque forme que ce soit, réservés pour tous pays.

Nathalie Combier

MES PURÉES salées et sucrées

Photographies : Alain Gelberger
Stylisme : Catherine Bouillot

Minerva

Salées

Sucrées

Préface

Qui n'a pas dans un petit coin de sa mémoire le souvenir de LA bonne purée maison, réalisée par sa maman ou sa grand-mère ? Délicieuse purée de pomme de terre, palette des premières créations où le pinceau n'était autre que la fourchette ! Qui ne cherche pas à retrouver ce bon goût lié à l'enfance, ces purs instants de bonheur et de douce insouciance ?

Et pourtant, la purée ne se résume pas aux seules pommes de terre ! Elle peut être déclinée de multiples façons, et c'est pourquoi je vous propose ici mes 40 recettes salées et mes 40 recettes sucrées.

Simple, rapide et bon marché, la purée sait être chic et originale. À la carte de votre petit restaurant, en accompagnement d'un plat de notre riche terroir, ou proposée par nos plus grands chefs dans un restaurant étoilé, la purée reste indémodable : c'est un plat intemporel qui mérite toute notre attention.

Vous retrouverez donc dans cet ouvrage des préparations incontournables, comme la traditionnelle purée de pommes de terre, la purée de pois cassés ou la purée de pommes et poires ; mais, comme dans mon précédent ouvrage consacré aux tatins, j'ai revisité les classiques en proposant de nouveaux mariages, dans le souci permanent de sublimer le goût de nos fruits et légumes les plus simples, au gré des saisons.

Amusez-vous à surprendre vos proches, enfants ou amis, par le goût de ces purées mais également par leurs présentations : pyramides, quenelles, puits, moulages, crêpes, gratinées... Donnez libre cours à votre imagination en n'oubliant pas les herbes fraîches et les aromates dans les purées salées, et la large gamme de petits décors pour les purées sucrées.

D'un point de vue pratique, certains d'entre vous s'interrogeront sur la meilleure façon de réduire en purée ces fruits et ces légumes. Mon conseil : n'hésitez pas à utiliser l'ustensile le plus simple, le presse-purée de grand-mère, qui est d'usage facile, bon marché, pratique à laver, et qui donne un résultat parfait pour les purées de légumes. Vous pouvez également avoir recours au moulin à légumes, qui fait aujourd'hui son retour en version « design » et orne de nouveau nos cuisines. Pour les plus courageux, il y a toujours la fourchette. Ce sera un peu plus long, mais le résultat sera identique ; et quelle fierté lorsque vous aurez terminé !

Pour les purées de fruits, en revanche, ayez recours au mixeur. Un seul conseil – sauf pour les purées des enfants – : ne mixez pas trop longtemps pour avoir le plaisir de conserver de la texture et des morceaux de fruits. Pour conserver le bon goût du fruit, sucrez modérément : un excès de sucre altère les parfums et les arômes des fruits mûrs. Bien sûr, les « becs sucrés » pourront toujours ajouter une ou deux cuillerées à soupe de sucre semoule, tout comme les plus jeunes qui trouveront dans le sucre la parade idéale à l'acidité naturelle de certains fruits.

J'espère donc que ces 80 recettes de purées destinées aux grands comme aux petits, de 7 mois à 77 ans et plus, vous permettront d'égayer ou de revisiter vos plats préférés, que vous réaliserez en amoureux ou en famille, et que vous dégusterez en toutes saisons. Puis-je nourrir l'espoir que vous redécouvrirez ainsi le goût de certains fruits et légumes que vous aviez peut-être oubliés ?

Nathalie Combier

Salées

Purée
Aubergines et chèvre

Pour 4 personnes

INGRÉDIENTS :

6 aubergines moyennes
9 cuillerées à soupe d'huile d'olive
300 g de fromage de chèvre frais
2 pincées de cumin en poudre
4 tours de moulin à poivre aux trois poivres

Préchauffez le four en position gril.

Lavez les aubergines. Déposez-les dans un plat et faites-les griller au four. Laissez-les noircir en les retournant régulièrement. Lorsqu'elles sont noires et boursouflées, retirez-les du four et recouvrez-les de papier d'aluminium. Laissez tiédir pendant environ 10 minutes, ôtez la peau et récupérez la chair à l'aide d'une cuillère.

Dans une cocotte, faites chauffer sur feu vif 6 cuillerées à soupe d'huile d'olive et faites revenir la chair d'aubergine pendant environ 4 minutes. Réservez.

Dans une jatte, écrasez le fromage à la fourchette, donnez deux tours de moulin à poivre, ajoutez le reste de l'huile d'olive et les aubergines, puis mixez. Ajoutez le cumin et donnez à nouveau deux tours de moulin à poivre.

Servez cette purée tiède ou froide, en accompagnement d'une tranche de bœuf froid ou sur du pain toasté.

Conseil :

Pour obtenir un goût plus prononcé, utilisez du fromage de chèvre en bûche. Pour varier, vous pouvez le remplacer par de la ricotta ou de la crème de mascarpone.

Purée

Aubergines et pâte de sésame

Lavez les aubergines. Ôtez les pédoncules. Coupez-les dans le sens de la longueur en tranches épaisses d'environ 4 millimètres. Épluchez l'ail et écrasez-le.

Dans une Cocotte-Minute, faites chauffer la moitié de l'huile, et déposez les aubergines et l'ail. Salez, poivrez et laissez-les dorer en les remuant régulièrement et en ajoutant un peu d'eau en cours de cuisson si nécessaire. Après environ 7 minutes, ajoutez le reste de l'huile et fermez la cocotte. Laissez cuire encore 5 minutes.

Mettez ces aubergines confites dans une jatte. Ajoutez la moitié de la pâte de sésame. Mixez le tout. Ajoutez le reste de la pâte de sésame, le cumin et mélangez. Laissez refroidir 1 heure au réfrigérateur.

Dans une poêle antiadhésive, faites griller rapidement les pignons de pin.

Servez cette purée très fraîche, parsemée de pignons de pin, en accompagnement de gigot froid ou de brochettes grillées au barbecue.

Pour 4 personnes

INGRÉDIENTS :

6 aubergines moyennes
20 cuillerées à soupe d'huile d'olive
200 g de pâte de sésame
1/2 gousse d'ail
2 pincées de cumin en poudre
3 cuillerées à soupe de pignons de pin
sel
4 tours de moulin à poivre aux trois poivres

Purée

Artichauts

POUR 4 PERSONNES

INGRÉDIENTS :

1 kg de cœurs d'artichaut surgelés
3 pommes de terre moyennes type bintje
3 cuillerées à soupe d'huile de noisette
4 cuillerées à soupe de crème fraîche épaisse
30 g de beurre
noix de muscade
gros sel
sel
poivre du moulin

Épluchez, lavez et coupez en quatre les pommes de terre puis faites-les cuire dans une casserole d'eau froide salée pendant environ 20 minutes.
Pendant ce temps, faites cuire à l'eau bouillante les cœurs d'artichaut 20 minutes. Vérifiez leur cuisson avec la pointe d'un couteau. Égouttez-les.
Dans une poêle, faites fondre le beurre sur feu doux, puis ajoutez les cœurs d'artichaut et les quartiers de pommes de terre. Faites dorer les légumes pendant environ 8 minutes en les remuant régulièrement. Lorsque les légumes sont dorés, surveillez la cuisson et ajoutez un peu d'eau si nécessaire pour éviter qu'ils attachent.
Réduisez-les en purée, ajoutez la crème et mélangez. Salez si nécessaire et donnez deux tours de moulin à poivre et un tour de moulin à muscade. Ajoutez l'huile de noisette et remuez.
Servez aussitôt en accompagnement d'une belle côte de veau fermier.

Purée
Fenouil

Pour 4 personnes

INGRÉDIENTS :

6 fenouils moyens
2 pommes de terre moyennes
1 échalote
50 g de beurre
3 cuillerées à soupe de crème fraîche épaisse
graines de fenouil (facultatif)
sel
poivre du moulin

Lavez et épluchez les pommes de terre. Coupez-les en 4 et déposez-les dans une grande casserole d'eau froide salée. Laissez cuire environ 20 minutes, puis égouttez-les et réduisez-les en purée en incorporant 20 g de beurre.

Ôtez les premières feuilles des fenouils, lavez-les et coupez-les en 2. Épluchez l'échalote, coupez-la en morceaux et écrasez-la à l'aide d'un presse-ail.

Dans une cocotte, faites fondre le reste du beurre sur feu moyen et ajoutez la purée d'échalotes. Faites-la blondir 1 à 2 minutes et ajoutez les demi-fenouils. Faites-les dorer environ 6 minutes en ajoutant un peu d'eau si nécessaire en cours de cuisson.

Lorsqu'ils sont dorés, mixez-les avec la crème et les pommes de terre écrasées. Salez, et donnez deux tours de moulin à poivre.

Servez immédiatement la purée parsemée de graines de fenouil et arrosée d'un filet d'huile d'olive, en accompagnement d'un poisson cuit à la vapeur, citronné, et lui aussi arrosé d'un filet d'huile d'olive.

Conseil :

Les graines de fenouil peuvent être remplacées par de l'estragon haché.

Pour les petits :

Pour les plus téméraires, une façon originale de découvrir le goût anisé du fenouil, mais sans les graines !

Purée
Brocolis et cantal

Lavez et préparez les brocolis. Ôtez la croûte du fromage et découpez-le en petits morceaux.

Lavez et épluchez les pommes de terre. Coupez-les en quatre puis faites-les cuire dans une casserole d'eau froide salée, pendant 20 minutes. Vérifiez la cuisson, égouttez-les et réduisez-les en purée en ajoutant 10 g de beurre.

Dans un faitout d'eau salée, jetez les brocolis et laissez-les cuire 20 minutes à partir de l'ébullition. Vérifiez la cuisson et égouttez-les.

Dans une jatte, versez les brocolis, ajoutez le beurre restant et mixez. Ajoutez la purée de pommes de terre et mélangez. Salez si nécessaire, donnez deux tours de moulin à poivre, râpez de la muscade et incorporez le cantal. La chaleur de la purée fera ainsi légèrement fondre le fromage.

Servez immédiatement cette purée parsemée de quelques copeaux de cantal et de baies roses, en accompagnement d'une tranche de jambon blanc aux herbes.

Pour les petits :

Selon l'âge de l'enfant, proposez cette purée avec ou sans fromage en accompagnement de jambon blanc.

Pour 4 personnes

Ingrédients :

1,2 kg de brocolis
150 g de cantal doux
2 pommes de terre moyennes type bintje
50 g de beurre
baies roses (facultatif)
muscade
gros sel
sel
poivre du moulin

Brocolis et cantal

Purée

Carottes

Lavez et épluchez les carottes et la pomme de terre. Coupez la pomme de terre en quatre et les carottes en rondelles épaisses. Faites-les cuire à la vapeur et égouttez-les. Pendant ce temps, épluchez et ciselez les échalotes.
Dans une poêle, faites fondre le beurre sur feu doux et ajoutez les échalotes. Faites-les dorer pendant 3 ou 4 minutes en veillant à ce qu'elles n'attachent pas. Ajoutez les carottes et la pomme de terre et laissez-les dorer pendant environ 4 minutes. Lorsque les légumes sont colorés, vous pouvez ajouter un peu d'eau en cours de cuisson pour éviter qu'ils attachent.
Réduisez les légumes en purée, ajoutez la crème et le persil, puis mélangez. Salez et poivrez selon votre goût.
Servez immédiatement en accompagnement d'un jambon persillé ou fumé et de quelques pommes de terre rissolées.

Pour les petits, un grand classique :

Mixez le jambon avec la purée de carottes et quelques pommes de terre rissolées.

Pour 4 personnes

INGRÉDIENTS :

1 kg de carottes
1 pomme de terre type bintje
2 échalotes
40 g de beurre
4 cuillerées à soupe de crème fraîche épaisse
3 cuillerées à soupe de persil haché
sel
poivre du moulin

Purée

Courgettes et curry

Pour 4 personnes

INGRÉDIENTS :

1,5 kg de courgettes
4 pommes de terre moyennes type bintje
3 cuillerées à soupe de crème fraîche épaisse
3 pincées de curry
gros sel
sel
poivre du moulin

Lavez et épluchez les pommes de terre et les courgettes. Découpez les courgettes en rondelles épaisses et faites-les cuire à la vapeur pendant environ 10 minutes. Égouttez-les*.

Mettez les pommes de terre dans une casserole d'eau froide salée, et faites-les cuire environ 20 minutes. Égouttez-les.

Dans une jatte, mélangez les courgettes égouttées et les pommes de terre, ajoutez la crème et le curry, salez si nécessaire et donnez deux tours de moulin à poivre, puis mixez l'ensemble.

Servez immédiatement cette purée parsemée d'herbes de Provence, en accompagnement d'une viande grillée, au barbecue ou au four.

Conseil :

Pour une purée plus consistante, ajoutez une ou deux pommes de terre.

* Pour que les courgettes soient parfaitement égouttées, faites-les cuire la veille ou déposez-les dans un torchon en les serrant fortement.

Pour les petits :

Dans la purée très chaude, ajoutez 2 cuillerées à soupe de semoule fine. Laissez-la gonfler à couvert environ 5 minutes. Incorporez la viande moulinée… Un régal !

Purée
Haricots rouges

Pour 6 personnes

INGRÉDIENTS :

300 g de haricots rouges secs
1 poivron rouge
1 oignon jaune
1 cube de bouillon de bœuf
20 g de beurre
3 cuillerées à soupe de crème fraîche épaisse
2 pincées de piment de Cayenne
1 cuillerée à soupe de coriandre fraîche hachée
poivre du moulin

Lavez le poivron et découpez-le en morceaux. Épluchez l'oignon. Rincez les haricots.

Dans un grand faitout d'eau froide, faites cuire les haricots avec le cube de bouillon et l'oignon. Laissez-les cuire sur feu moyen pendant 25 minutes à compter de l'ébullition. Vérifiez la cuisson, et réservez 3 louches du bouillon, puis égouttez le tout.

Dans une poêle, faites fondre sur feu vif le beurre et faites revenir les morceaux de poivron. Lorsqu'ils sont dorés, couvrez-les d'eau et laissez-les cuire environ 20 minutes. Rajoutez un peu d'eau si elle s'évapore trop. Une fois cuits, égouttez-les.

Dans une jatte, mixez les haricots, l'oignon, le poivron avec la crème et 1 louche de bouillon. Selon la consistance souhaitée, vous pouvez encore ajouter un peu de bouillon. Saupoudrez de piment et donnez deux tours de moulin à poivre. Mélangez.

Servez aussitôt cette purée saupoudrée de coriandre hachée, en accompagnement de steaks hachés. Pour une ambiance tex-mex, n'oubliez pas le Tabasco® et les tacos !

Purée
Haricots blancs

Rincez les haricots. Lavez les branches de céleri. Épluchez-les et découpez-les en petits bâtonnets. Épluchez et émincez les oignons. Lavez les tomates, ôtez les pédoncules et coupez-les en quartiers. Mettez-les dans une passoire avec un peu de gros sel pour qu'elles dégorgent.

Dans un grand faitout d'eau salée, faites cuire les haricots blancs avec le cube de bouillon. À partir de l'ébullition comptez environ 30 minutes de cuisson. Réservez 3 louches de bouillon de cuisson avant d'égoutter les haricots.

Dans une poêle, faites revenir dans le beurre, sur feu vif, les oignons, les céleris et les quartiers de tomates pendant environ 8 minutes en ajoutant un peu d'eau si nécessaire pour éviter que cela n'attache.

Mélangez le contenu de la poêle avec les haricots égouttés, ajoutez la crème et mixez l'ensemble. Selon la consistance souhaitée, vous pouvez ajouter un peu de bouillon. Salez si nécessaire, donnez deux tours de moulin à poivre et deux tours de moulin à muscade.

Servez immédiatement en accompagnement d'un gigot ou de côtes d'agneau.

Pour 6 personnes

Ingrédients :

300 g de haricots blancs secs
2 tomates
2 branches de céleri
2 oignons jaunes
1 cube de bouillon de volaille
40 g de beurre
2 cuillerées à soupe de crème fraîche épaisse
muscade
gros sel
sel
poivre du moulin

Purée

Chou-fleur

Pour 4 personnes

INGRÉDIENTS :

1 kg de chou-fleur surgelé
3 belles pommes de terre type bintje
6 Kiri®
quelques pluches de persil plat
gros sel
poivre du moulin

Lavez et épluchez les pommes de terre. Coupez-les en quatre et faites-les cuire avec le chou-fleur dans 2 litres d'eau salée. Comptez environ 20 minutes à partir de l'ébullition. Lorsque ces deux légumes sont cuits, égouttez-les.

Mixez le chou-fleur, les pommes de terre et le Kiri. Donnez deux tours de moulin à poivre. Vérifiez l'assaisonnement et rectifiez si nécessaire.

Servez la purée décorée de persil.

Conseil :

Vous pouvez remplacer le fromage par 3 cuillerées à soupe de crème épaisse. Si vous souhaitez que la purée soit plus fluide, vous pouvez mettre moins de pommes de terre ou même ne pas en mettre du tout.

Pour les petits :

Il est préférable de mélanger dans les mêmes proportions chou-fleur et pommes de terre.

Purée

Chou vert

Pour 4 personnes

Ingrédients :

1 gros chou vert frisé
1 grosse pomme de terre type bintje
3 courgettes moyennes
1 échalote
2 cuillerées à soupe de crème fraîche épaisse
50 g de cantal doux
40 g de beurre
sel
poivre du moulin

Épluchez, lavez la pomme de terre, puis découpez-la en rondelles épaisses. Lavez le chou, ôtez les premières feuilles et découpez-le grossièrement en plusieurs morceaux. Lavez et épluchez les courgettes en laissant une bande de peau sur deux. Découpez-les en rondelles épaisses.

Ôtez la croûte du cantal et coupez-le en petits cubes. Épluchez et émincez finement l'échalote.

Dans une cocotte, faites chauffer le beurre et faites revenir sur feu moyen l'échalote, ajoutez le chou, la pomme de terre et les courgettes. Faites-les revenir ainsi pendant environ 20 minutes en ajoutant régulièrement un peu d'eau pour éviter que cela n'attache. Salez et donnez deux tours de moulin à poivre. Ajoutez la crème et mixez. Ajoutez les cubes de cantal et mélangez.

Servez immédiatement en accompagnement d'un saucisson de Lyon truffé, pistaché ou nature !

Purée

Épinards et haricots verts

Équeutez les haricots et lavez-les. Lavez abondamment les épinards. Coupez ou ôtez les branches trop épaisses. Égouttez-les.

Épluchez les pommes de terre, coupez-les en quatre et faites-les cuire à la vapeur.

Dans un grand faitout d'eau salée, jetez les haricots verts dès que l'eau bout et laissez-les cuire environ 25 minutes. Vérifier la cuisson et égouttez-les.

Dans une cocotte, faites chauffer sur feu moyen le beurre et ajoutez les épinards. Le volume initial va très rapidement diminuer. Salez et donnez deux tours de moulin à poivre. Laissez-les cuire quelques minutes sans les couvrir. Remuez-les de temps en temps.

Lorsqu'ils sont cuits, mettez-les dans une jatte, ajoutez les haricots verts, les pommes de terre, la crème et mixez le tout. Rectifiez l'assaisonnement.

Servez immédiatement la purée parsemée de petits dés de cantal jeune, en accompagnement d'un poisson.

Pour les petits :

Une purée toute verte qui ira très bien avec un petit filet de poisson sans arête…

Pour 4 personnes

Ingrédients :

1,5 kg d'épinards frais
400 g de haricots verts
2 pommes de terre moyennes type bintje
50 g de beurre
3 cuillerées à soupe de crème fraîche épaisse
100 g de cantal jeune (facultatif)
gros sel
sel
poivre du moulin

Purée

Fèves et safran

Pour 4 personnes

INGRÉDIENTS :

1 kg de fèves surgelées
10 cuillerées à soupe d'huile d'olive
1 cuillerée à café de safran en poudre
6 Kiri®
gros sel
sel
poivre du moulin

Faites cuire les fèves dans 2 litres d'eau salée pendant environ 20 minutes. Égouttez-les, laissez-les tiédir puis ôtez la peau, qui part très facilement. Réservez quelques fèves pour la décoration.

Dans une poêle, faites chauffer la moitié de l'huile avec le safran et ajoutez les fèves. Faites-les dorer pendant environ 7 minutes en les remuant régulièrement et en ajoutant 1 cuillerée à soupe d'huile si nécessaire.

Mixez les fèves avec les Kiri et le reste de l'huile. Salez si nécessaire, donnez deux tours de moulin à poivre.

Présentez cette purée à l'assiette, décorée de quelques fèves et accompagnée de bûchettes de chèvre roulées dans des lamelles de jambon cru.

Conseil :

Vous pouvez remplacer le fromage par 3 cuillerées à soupe de crème épaisse. Si vous souhaitez que la purée soit plus fluide, vous pouvez mettre moins de pommes de terre ou même ne pas en mettre du tout.

Pour les petits :

Purée idéale pour découvrir ce nouveau goût, accompagnée d'une tranche de jambon blanc plus facile à mouliner.

Purée

Haricots verts et courgettes

Pour 4 personnes

INGRÉDIENTS :

1 kg de haricots verts
2 courgettes moyennes
60 g de beurre
1 cuillerée à soupe de persil haché
gros sel
sel
poivre du moulin

Équeutez les haricots et rincez-les. Lavez les courgettes et épluchez-les en conservant une bande de peau sur deux. Découpez-les en rondelles épaisses.

Faites chauffer un grand faitout d'eau salée. Lorsque l'eau bout, jetez les haricots et laissez-les cuire pendant environ 25 minutes sans les couvrir. Vérifiez la cuisson. Égouttez-les.

Dans une autre casserole, faites chauffer de l'eau salée et lorsqu'elle arrive à ébullition, jetez-y les courgettes. Laissez-les cuire pendant 15 minutes. Égouttez-les.

Dans une poêle, faites chauffer 30 g de beurre sur feu moyen et faites revenir les courgettes pendant environ 6 minutes en les remuant de temps en temps afin qu'elles dorent régulièrement.

Dans une jatte, versez les haricots et les courgettes, ajoutez le reste de beurre et mixez le tout. Salez si nécessaire et donnez deux tours de moulin à poivre.

Servez immédiatement la purée saupoudrée de persil fraîchement haché et de quelques dés de brousse fraîche ou de ricotta pour les amateurs de fromage.

Pour les petits :

Il est indispensable d'ajouter 2 cuillerées à soupe de riz cuit à cette purée.

Purée

Flageolets verts

Rincez les flageolets. Épluchez et émincez l'oignon et l'échalote.

Dans une poêle, faites chauffer l'huile et faites dorer sur feu moyen l'oignon et l'échalote pendant 5 minutes. Remuez régulièrement et ajoutez un peu d'eau si cela commence à attacher. Réservez.

Dans une grande casserole d'eau, diluez le cube de bouillon et faites cuire les flageolets. Pensez à remuer pour qu'il soit correctement dilué. Laissez cuire environ 25 minutes à partir de l'ébullition de l'eau.

En fin de cuisson, réservez 3 louches de bouillon, puis égouttez les flageolets. Mixez-les avec l'oignon, l'échalote et la crème. Salez, donnez deux tours de moulin à poivre. Ajoutez du bouillon de cuisson selon la consistance que vous souhaitez obtenir.

Servez la purée parsemée du persil, en accompagnement de côtes d'agneau grillées.

Pour 6 personnes

INGRÉDIENTS :

300 g de flageolets verts secs
1 oignon jaune
1 échalote
4 cuillerées à soupe d'huile de tournesol
1 cube de bouillon de volaille
5 cuillerées à soupe de crème fraîche épaisse
2 cuillerées à soupe de persil haché
sel
poivre du moulin

Flageolets verts

Purée

Marrons et lard grillé

Pour 6 personnes

Ingrédients :

850 g de marrons en bocaux
1 cube de bouillon de bœuf
150 g de lard fumé
40 g de beurre
3 cuillerées à soupe de crème fraîche épaisse
1 cuillerée à soupe de persil haché
sel
poivre du moulin

Diluez le cube de bouillon dans 50 cl d'eau bouillante. Découpez le lard en lamelles dans le sens de la largeur.

Dans une poêle, faites revenir le lard sans ajout de matière grasse. Laissez-le dorer pendant environ 5 minutes en le retournant de temps en temps puis égouttez-le sur du papier absorbant.

Dans une autre poêle, faites fondre le beurre sur feu doux et ajoutez les marrons. Laissez-les dorer pendant environ 7 minutes en ajoutant de temps en temps le bouillon pour éviter qu'ils n'attachent ou ne soient trop secs.

Réduisez-les en purée en ajoutant un peu de bouillon pour faciliter votre travail. Ajoutez la crème et le persil et mélangez. Salez si nécessaire et donnez deux tours de moulin à poivre. Si vous estimez que la purée est encore trop compacte, ajoutez encore un peu de bouillon.

Servez cette purée accompagnée du lard grillé, éventuellement parsemée de persil haché.

Conseil :

Cette purée se substituera facilement aux marrons de Noël pour accompagner dindes et chapons.

Sans attendre la fin d'année, elle sera délicieuse avec un rôti de porc.

Purée

Laitues et petits pois

Pour 4 personnes

INGRÉDIENTS :

3 laitues
600 g de petits pois surgelés
40 g de beurre salé
6 cuillerées à soupe de crème fraîche épaisse
1 cuillerée à soupe de persil haché
1 cuillerée à soupe de ciboulette hachée
gros sel
sel
poivre du moulin

Préparez les laitues en ôtant les feuilles extérieures et en les lavant abondamment. Essorez-les et découpez-les grossièrement.

Dans un grand faitout, portez à ébullition 2 litres d'eau salée. Ajoutez les petits pois et laissez-les cuire 20 à 25 minutes. Égouttez-les et réservez-les.

Dans une cocotte, faites fondre le beurre salé sur feu doux et ajoutez les laitues et le persil. Faites-les revenir pendant environ 6 minutes, les laitues réduisant beaucoup à la cuisson. Salez si nécessaire et donnez deux tours de moulin à poivre.

Mixez les laitues, les petits pois et la crème. Ajoutez la ciboulette et mélangez.

Servez aussitôt.

Conseil :

Vous pouvez, bien entendu, utiliser 800 g de petits pois frais.

Pour les petits :

Une autre façon de présenter les petits pois qui iront plus directement dans la cuillère.

Purée

Poireaux

Lavez, épluchez et coupez les pommes de terre en quatre. Ôtez les premières feuilles et lavez abondamment les poireaux. Coupez-les en rondelles épaisses.

Dans une casserole d'eau froide salée, déposez les pommes de terre et les poireaux et faites-les cuire pendant environ 20 minutes à partir de l'ébullition. Vérifiez la cuisson avec la pointe d'un couteau. Égouttez-les.

Dans une poêle ou une cocotte, faites fondre sur feu moyen le beurre, puis ajoutez les poireaux et les pommes de terre. Laissez-les dorer, puis versez peu à peu le vin blanc et laissez mijoter environ 5 à 7 minutes. Ajoutez si nécessaire un peu d'eau en fin de cuisson, car les légumes ne doivent pas attacher.

Mixez les légumes avec la crème. Salez si nécessaire, donnez deux tours de moulin à poivre et mélangez.

Servez immédiatement en accompagnement d'un poisson cuit à la vapeur ou en papillote, arrosé d'un filet d'huile d'olive et parsemé de graines de fenouil.

Conseil :

Vous pouvez râper 3 carottes que vous ferez revenir 5 minutes sur feu vif dans 30 g de beurre et que vous incorporerez à la purée de poireaux.

Pour 4 personnes

Ingrédients :

6 poireaux
6 pommes de terre moyennes type bintje
6 cuillerées à soupe de vin blanc sec
4 cuillerées à soupe de crème fraîche épaisse
40 g de beurre
gros sel
sel
poivre du moulin

Purée

Lentilles du Puy et lard fumé

Rincez les lentilles. Épluchez l'oignon. Découpez le lard en petites lamelles.

Dans une poêle, faites revenir les lamelles de lard sans adjonction de matière grasse. Laissez-les griller pendant quelques minutes et déposez-les sur du papier absorbant.

Pendant ce temps, diluez le cube de bouillon dans un grand faitout d'eau salée et faites cuire les lentilles avec l'oignon pendant environ 25 minutes à compter de l'ébullition. Lorsqu'elles sont cuites, égouttez les lentilles et l'oignon en réservant dans un bol 3 louches du bouillon de cuisson.

Dans une grande jatte, versez les lentilles et l'oignon, ajoutez 1 louche de bouillon, la crème, salez, si nécessaire, et donnez deux tours de moulin à poivre.

Mixez cette préparation. Ajoutez à nouveau 1 à 2 louches de bouillon en fonction de la consistance que vous souhaitez obtenir. Incorporez le persil haché.

Servez la purée en l'accompagnant des lamelles de lard grillé.

Conseil :

Pour une présentation à l'assiette, achetez le lard en tranches épaisses d'environ 4 millimètres et faites-les griller dans une poêle sans adjonction de matière grasse. Attachez-les par une pique et servez la purée au centre.

POUR 6 PERSONNES

INGRÉDIENTS :

300 g de lentilles sèches du Puy
200 g de lard fumé
1 cube de bouillon de bœuf
1 oignon jaune
4 cuillerées à soupe de crème fraîche épaisse
2 cuillerées à soupe de persil haché
gros sel
sel
poivre du moulin

Purée

Pois cassés

Pour 6 personnes

Ingrédients :

400 g de pois cassés
1 cube de bouillon de volaille
4 cuillerées à soupe de crème fraîche épaisse
2 cuillerées à soupe de persil haché
1 cuillerée à café de cerfeuil
sel
poivre du moulin

Rincez les pois cassés.

Dans un grand faitout d'eau froide, versez les pois cassés. Laissez-les cuire pendant 30 minutes à compter de l'ébullition. Ajoutez le cube de bouillon de volaille et diluez-le. Vérifiez la cuisson. Réservez 3 louches de bouillon, et égouttez-les.

Dans une jatte, versez les pois cassés, ajoutez la crème et mixez. Si vous trouvez le mélange trop épais, ajoutez un peu de bouillon. Ajoutez le persil et le cerfeuil, salez si nécessaire, donnez deux tours de moulin à poivre.

Servez aussitôt cette purée avec un gigot ou un rôti de porc, sans hésiter à creuser un petit puits et à le remplir de sauce !

Conseil :

Si vous souhaitez une purée moins dense (et plus riche), ajoutez plus de crème.

Pour les petits :

N'ajoutez ni le cerfeuil, ni le persil pas toujours appréciés des petits palais…

Purée
Poivrons

Préchauffez le four en position gril.

Lavez et essuyez les poivrons. Placez-les sur la plaque du four et laissez-les noircir en les retournant de temps en temps. Lorsqu'ils sont noircis et boursouflés sur chaque face, retirez-les et enveloppez-les de papier d'aluminium. Laissez-les tiédir puis épluchez-les. Découpez-les en lamelles, ôtez les cœurs et les pépins et déposez-les dans une jatte.

Épluchez l'ail, écrasez-le à l'aide d'un presse-ail et ajoutez-le au poivron. Arrosez d'huile d'olive, salez et donnez deux tours de moulin à poivre. Mélangez puis laissez mariner un quart d'heure en les remuant de temps en temps. Ajoutez la crème épaisse, la pincée de piment et mixez le tout.

Servez cette purée chaude, tiède ou fraiche, en accompagnement d'une terrine de légumes ou d'une viande froide.

Variante :

Servez-la à l'apéritif sur une tranche de pain de campagne grillé ou des petits pains au lait.

Conseil :

Vous pouvez réaliser cette recette avec des poivrons déjà cuits que vous trouverez en bocaux dans les grandes surfaces.

Pour la rendre plus consistante, ajoutez 8 Carrés frais® (ou de la brousse) et une pincée de paprika, et farcissez des petites tomates crues ou des courgettes rondes précuites.

Pour 4 personnes

INGRÉDIENTS :

4 poivrons rouges
3 poivrons jaunes
2 cuillerées à soupe de crème fraîche épaisse
2 cuillerées à soupe d'huile d'olive
1/2 gousse d'ail
1 pincée de piment d'Espelette ou piment de Cayenne
sel
poivre du moulin

Poivrons

Purée

POIS CHICHES

POUR 6 PERSONNES

INGRÉDIENTS :

300 g de pois chiches
2 cuillerées à soupe de pâte de sésame
1 gousse d'ail
1 citron
3 cuillerées à soupe d'huile d'olive
2 pincées de cumin
1 pincée de piment de Cayenne
1 cuillerée à café de persil haché
sel
poivre du moulin

La veille, faites tremper les pois chiches dans l'eau froide.

Le jour même, dans un grand faitout d'eau froide, faites cuire les pois chiches pendant 30 minutes à compter de l'ébullition. Ne salez pas l'eau car cela les durcirait.

Épluchez et écrasez l'ail. Pressez le citron.

Lorsque les pois chiches sont cuits, égouttez-les et mettez-les dans une jatte. Ajoutez l'ail, la pâte de sésame, le jus de citron et l'huile d'olive. Mixez le tout. Ajoutez le cumin, le piment et le persil, salez et donnez deux tours de moulin à poivre. Mélangez.

Servez cette purée chaude ou tiède, en accompagnement de viande d'agneau ou de porc.

Conseil :

Laissez cette purée au réfrigérateur et dégustez-la sur une tranche de pain grillé arrosée d'un filet d'huile d'olive (c'est ainsi que je la préfère...).

Purée

Pois gourmands

Pour 4 personnes

Ingrédients :

900 g de pois gourmands
300 g de petits pois
2 courgettes moyennes
3 oignons blancs
40 g de beurre
3 cuillerées à soupe d'huile d'olive
3 cuillerées à soupe de crème fraîche épaisse
2 pincées de curry
2 cuillerées à soupe de persil haché
gros sel
sel
poivre du moulin

Lavez et préparez les pois gourmands et les petits pois. Épluchez les courgettes et les oignons puis découpez-les en rondelles.

Dans un grand faitout, faites chauffer de l'eau préalablement salée. Lorsqu'elle arrive à ébullition, versez les pois gourmands. Laissez-les cuire à découvert pendant 20 minutes. Procédez de la même façon pour les petits pois, puis égouttez le tout.

Dans une cocotte, faites revenir dans le beurre et l'huile d'olive, sur feu vif, les oignons et les courgettes. Faites dorer ce mélange pendant environ 12 minutes. Ajoutez de l'eau en cours de cuisson si nécessaire afin que cela n'attache pas. Quelques minutes avant la fin de la cuisson du mélange courgettes-oignons, ajoutez les petits pois et les pois gourmands. Salez, poivrez et mélangez.

Versez tous ces légumes dans une jatte, ajoutez la crème et le curry, puis mixez.

Servez immédiatement cette purée parsemée de persil haché, en accompagnement d'un faux-filet de bœuf.

Conseil :

Hors saison, n'hésitez pas à utiliser des légumes surgelés.

Petits pois et asperges

Pour 4 personnes

Ingrédients :

600 g d'asperges vertes surgelées
750 g de petits pois surgelés
30 g de beurre
6 cuillerées à soupe de crème fraîche épaisse
1 petit morceau de parmesan
gros sel
poivre du moulin

Portez à ébullition un grand faitout d'eau salée. Ajoutez les asperges. Laissez-les cuire jusqu'à ce qu'elles soient tendres, vérifiez en piquant avec la pointe d'un couteau.

Dans le même temps, portez à ébullition une grande casserole d'eau salée et jetez-y les petits pois. Laissez-les cuire environ 20 minutes.

Dans une poêle, faites revenir le beurre sur feu moyen et faites dorer pendant 4 minutes environ les asperges égouttées en les retournant délicatement afin qu'elles dorent doucement sur chaque face. Laissez-les refroidir un peu, puis égouttez-les.

Réservez 2 pointes d'asperges pour la décoration, et mixez le reste des pointes avec les petits pois égouttés et la crème. Donnez deux tours de moulin à poivre.

Décorez avec les 2 pointes d'asperges et servez immédiatement avec quelques copeaux de parmesan.

Conseil :

En saison, n'hésitez pas à utiliser des produits frais et décorez de ciboulette !

Polenta et sel de Guérande

Pour 6 personnes

Ingrédients :

250 g de polenta précuite
1 litre de lait
100 g de comté
80 g de parmesan râpé
6 cuillerées à soupe de crème fraîche épaisse
fleur de sel
sel
poivre du moulin

Ôtez la croûte du comté et coupez-le en petits dés. Réservez une quinzaine de dés pour la décoration.

Dans une casserole, faites chauffer sur feu doux le lait salé jusqu'à ce qu'il frémisse. Versez la polenta en pluie dans le lait chaud et mélangez immédiatement à l'aide d'un fouet afin qu'il n'y ait pas de grumeaux. Laissez-la gonfler en recouvrant d'un couvercle pendant au moins 5 minutes.

Ajoutez le comté, le parmesan et la crème. Mélangez et donnez deux tours de moulin à poivre. À l'aide de deux cuillères à soupe, formez des quenelles de polenta et parsemez-les de fleur de sel.

Servez la purée ornée des cubes de comté réservés, en accompagnement de cuisses de lapin au thym ou romarin.

Conseil :

Vous pouvez travailler la consistance de cette purée en ajoutant un peu plus de crème ou de beurre frais.

Pour les petits :

Grâce à des petits emporte-pièce préalablement beurrés, vous pouvez servir cette polenta en forme d'animaux…

Purée
Oignons

Pour 6 personnes

INGRÉDIENTS :

800 g d'oignons jaunes
30 g de beurre
3 cuillerées à soupe d'huile de tournesol
1 cuillerée à soupe de crème fraîche épaisse
4 cuillerées à soupe de miel liquide
sel
poivre du moulin

Épluchez et émincez finement les oignons.

Dans une cocotte, faites chauffer sur feu moyen le beurre et l'huile. Ajoutez les oignons et faites-les dorer en les remuant de temps en temps. Ajoutez 15 cl d'eau et couvrez.

Laissez-les cuire environ 20 minutes en les surveillant de temps en temps pour éviter qu'ils attachent. Ajoutez encore un peu d'eau si nécessaire.

Ôtez le couvercle et veillez à ce qu'il ne reste plus d'eau. S'il en restait, laissez-la s'évaporer en continuant la cuisson.

Ajoutez la crème et le miel et mixez le tout. Poivrez et salez si nécessaire.

Servie chaude, cette purée accompagnera à merveille une tranche de foie gras poêlée. Tiède ou froide, elle se mariera avec un foie gras mi-cuit ou un gigot.

Ratatouille et tapenade

Lavez, épluchez et coupez en quatre les pommes de terre. Faites-les cuire à la vapeur. Égouttez-les.

Coupez les olives en 2. Dans un bol, mélangez la tapenade, les olives et 2 cuillerées à café d'huile d'olive.

Réduisez les pommes de terre en purée et ajoutez 2 cuillerées à café d'huile d'olive. Réservez 4 cuillerées à soupe de ratatouille et mixez le reste. Mélangez la ratatouille mixée à la purée de pommes de terre. Salez si nécessaire et donnez deux tours de moulin à poivre.

Servez cette purée chaude, tiède ou froide, arrosée du reste d'huile d'olive et accompagnée de tapenade et d'un petit peu de ratatouille.

Conseil :

Vous pouvez également la déguster sur une tranche de pain grillée, arrosée d'un filet d'huile d'olive, et parsemée de copeaux de parmesan.

Pour 4 personnes

INGRÉDIENTS :

800 g de ratatouille maison
5 pommes de terre moyennes type bintje
50 g d'olives noires dénoyautées
1 pot de tapenade noire
6 cuillerées à café d'huile d'olive
sel
poivre du moulin

Purée

LA PURÉE

POUR 6 PERSONNES

INGRÉDIENTS :

1 kg de pommes de terre
6 cuillerées à soupe de lait entier
150 g de beurre
muscade (facultatif)
sel
poivre du moulin

Sortez le beurre et laissez-le ramollir à température ambiante.

Lavez et épluchez les pommes de terre. Coupez-les en quatre. Faites-les cuire à la vapeur pendant 12 minutes. Réduisez-les en purée en ajoutant le lait en même temps afin de rendre la préparation plus onctueuse et plus facile à écraser.

Découpez le beurre en petits dés et incorporez-le aux pommes de terre. Mélangez jusqu'à ce que le beurre soit complètement fondu. Donnez deux tours de moulin à poivre, deux tours de moulin à muscade et salez si nécessaire.

Ce grand classique sera servi en accompagnement d'un poulet rôti ou d'un rosbif, car il est indispensable de former un puits dans la purée afin de le remplir de sauce…

Conseil :

Vous pouvez remplacer le beurre par une huile d'olive fruitée que vous incorporerez en écrasant les pommes de terre.

Pour les petits :

Dès tout petit, on fait le puits… et on raconte des histoires… de puits.

Purée

En crêpes

Épluchez, lavez et coupez en quatre les pommes de terre. Faites-les cuire dans une casserole d'eau froide salée pendant environ 20 minutes, puis réduisez-les en purée.

Dans une jatte, mélangez la purée et le lait. Creusez un puits au centre. Ajoutez les œufs, la farine et battez ce mélange au fouet. Salez et donnez deux tours de moulin à poivre.

Dans une poêle antiadhésive, faites chauffer l'huile sur feu vif. À l'aide d'une cuillère à soupe, déposez un peu de purée, et étalez en forme de petites crêpes. Retournez-les dès qu'elles sont dorées et déposez-les sur du papier absorbant. Renouvelez l'opération jusqu'à ce qu'il n'y ait plus de purée.

Servez les crêpes tièdes en accompagnement d'une viande ou d'une salade verte.

Pour les petits :

C'est peut-être l'occasion de leur faire découvrir la version, légèrement sucrée, de la petite crêpe de pommes de terre.

Pour 6 personnes

INGRÉDIENTS :

500 g de pommes de terre type bintje
6 cuillerées à soupe de lait entier
2 œufs
2 cuillerées à soupe de farine fluide
3 cuillerées à soupe d'huile de tournesol
gros sel
sel
poivre du moulin

Purée

En gratinée

Pour 6 personnes

Ingrédients :

1 kg de pommes de terre type bintje
4 cuillerées à soupe de lait entier
150 g de beurre
2 cuillerées à soupe de crème fraîche épaisse
100 g de parmesan râpé
100 g de comté râpé
100 g de fromage bleu type fourme d'Ambert
5 biscottes
muscade
sel
poivre du moulin

Faites préchauffer le four à 210 °C – thermostat 7.

Sortez le beurre et laissez-le ramollir à température ambiante. Écrasez les biscottes. Émiettez le fromage bleu.

Lavez, épluchez les pommes de terre et coupez-les en quatre. Faites-les cuire à la vapeur pendant 12 minutes.

Réduisez les pommes de terre en purée en ajoutant le lait en même temps afin de la rendre plus onctueuse. Incorporez le beurre en petits dés et donnez deux tours de moulin à poivre et deux tours de moulin à muscade. Salez si nécessaire.

Déposez la purée dans un plat à gratin. Ajoutez la crème fraîche et lissez-la sur la purée avec le dos d'une cuillère. Saupoudrez de parmesan, puis de comté, puis de bleu, et terminez par la biscotte émiettée.

Enfournez pour 10 minutes à 210 °C, puis 5 minutes sur position gril.

Servez la purée immédiatement, accompagnée d'une salade parsemée de ciboulette et de persil.

POMMES DE TERRE ET OLIVES

Lavez et épluchez les pommes de terre. Coupez-les en quatre et faites-les cuire dans 2 litres d'eau salée pendant 20 minutes environ.

Lorsque les pommes de terre sont cuites, égouttez-les, réduisez-les en purée et ajoutez la moitié de l'huile d'olive.

Mixez les olives, les câpres et le reste de l'huile d'olive, et ajoutez à la purée. Donnez deux tours de moulin à poivre.

Servez aussitôt.

Conseil :

Divisez la purée en trois et ajoutez des olives de couleur différentes : noires, vertes, orangées. Vous surprendrez ainsi les papilles de vos convives.

Variante :

A la place des olives, vous pouvez ajouter 3 cuillerées à soupe de pistou à cette purée de pomme de terre et la parsemer de parmesan râpé ou en copeaux.

POUR 4 PERSONNES

INGRÉDIENTS :

900 g de pommes de terre type bintje
250 g d'olives noires dénoyautées
12 cuillerées à soupe d'huile d'olive
1 cuillerée à soupe de câpres
gros sel
sel
poivre du moulin

Purée

Pommes de terre et trois fromages

Pour 4 personnes

INGRÉDIENTS :

1 kg de pommes de terre type bintje
3 cuillerées à soupe de lait demi-écrémé
100 g de comté
100 g de gorgonzola
5 Kiri®
6 cuillerées à soupe de crème fraîche épaisse
graines de moutarde
noix de muscade
gros sel
sel
poivre du moulin

Lavez et épluchez les pommes de terre. Coupez-les en quatre et faites-les cuire dans 2 litres d'eau froide salée pendant environ 20 minutes.

Pendant ce temps, ôtez les croûtes du comté et du gorgonzola et coupez-les en cubes d'environ 1 cm de côté.

Lorsque les pommes de terre sont cuites, égouttez-les et réduisez-les en purée. Ajoutez le lait, les cubes de fromages, le Kiri et la crème épaisse. Mélangez bien. Salez et donnez deux tours de moulin à poivre et de noix de muscade.

Servez cette purée bien chaude parsemée de graines de moutarde.

Conseil :

Réservez quelques cubes de gorgonzola et de comté que vous présenterez en accompagnement. Mélangés à la purée très chaude, ils fondront dans la bouche.

Vous pouvez également remplacer la crème épaisse par 100 g de beurre.

Purée

Potiron et parmesan

Pour 4 personnes

INGRÉDIENTS :

1,2 kg de potiron
3 cuillerées à soupe de farine fluide
6 cuillerées à soupe de crème fraîche épaisse
6 cuillerées à soupe de parmesan râpé
1 petit morceau de parmesan
muscade
sel
poivre du moulin

Découpez le potiron en morceaux. Épluchez-le puis ôtez les graines et les filaments.

Faites cuire le potiron à la vapeur pendant 20 minutes environ. Égouttez-le puis mixez-le avec la farine et la crème. Ajoutez le parmesan, mélangez, salez et donnez deux tours de moulin à poivre et un tour de moulin à muscade.

Servez aussitôt cette purée décorée de quelques copeaux de parmesan, en accompagnement d'un rôti de veau.

Conseil :

Afin que le potiron soit bien égoutté, faites-le cuire la veille et laissez-le égoutter toute la nuit.

Vous pouvez utiliser du potiron surgelé que vous laisserez décongeler et égoutter toute la nuit également.

Pour les petits :

Faites-leur découvrir la version salée, mais en cas d'échec essayez la version sucrée : 300 g de potiron cuit, 2 cuillerées à soupe de sucre semoule, 2 cuillerées à soupe de crème fraîche, mixez le tout et ajoutez une pincée de sel !

Purée

Potimarron et châtaignes

Pour 6 personnes

INGRÉDIENTS :

600 g de potimarron cuit
400 g de châtaignes cuites en bocal
1 cube de bouillon de bœuf
150 g de lard fumé
2 cuillerées à soupe de crème fraîche épaisse
30 g de beurre
muscade
sel
poivre du moulin

Diluez le cube de bouillon dans 50 cl d'eau bouillante. Coupez le lard en fines lamelles.

Dans une poêle, faites fondre le beurre sur feu doux et faites revenir les châtaignes pendant environ 12 minutes en les mouillant régulièrement avec le bouillon de bœuf.

Dans une autre poêle, faites revenir sur feu vif pendant 5 minutes les lamelles de lard sans adjonction de matière grasse. Veillez à ce qu'elles ne grillent pas trop. Baissez l'intensité du feu si nécessaire. Déposez les lamelles sur du papier absorbant.

Égouttez les châtaignes. Mixez le potimarron avec la crème et les châtaignes. Rectifiez l'assaisonnement si nécessaire et donnez deux tours de moulin à poivre et un tour de moulin à muscade. Ajoutez un peu de bouillon pour allonger cette purée en fonction de la consistance que vous souhaitez obtenir.

Servez cette purée avec le lard, accompagnée de jambon cru de montagne et d'une salade à la vinaigrette relevée.

Purée

Risotto

Épluchez les oignons et émincez-les. Diluez le cube de bouillon dans 90 cl d'eau bouillante.

Dans une cocotte ou une casserole à fond épais, faites revenir les oignons dans l'huile de tournesol. Ajoutez le riz et remuez jusqu'à ce qu'il soit translucide. Avec une louche, ajoutez le bouillon petit à petit en couvrant le riz d'un couvercle après chaque ajout de bouillon. Procédez ainsi jusqu'à ce que le riz soit cuit, soit environ 16 minutes.

Versez ensuite le riz dans une jatte, ajoutez la crème de mascarpone et mixez. Salez si nécessaire, donnez deux tours de moulin à poivre et ajoutez le parmesan et le basilic haché. Mélangez.

Servez cette purée immédiatement en accompagnement d'une pièce de bœuf grillé.

Pour 6 personnes

INGRÉDIENTS :

350 g de risotto
1 cube de bouillon de volaille
2 oignons jaunes
6 cuillerées à soupe d'huile de tournesol
2 cuillerées à soupe de crème de mascarpone
100 g de parmesan râpé
3 cuillerées à soupe de basilic haché
sel
poivre du moulin

Purée

Navets et vinaigre de cidre

Pour 4 personnes

Ingrédients :

1 kg de navets
1 grosse pomme de terre type bintje
40 g de beurre
4 cuillerées à soupe de vinaigre de cidre
4 cuillerées à soupe de crème fraîche épaisse
sel
poivre du moulin

Lavez et épluchez les navets et la pomme de terre. Coupez-les en quatre. Faites-les cuire à la vapeur pendant 8 minutes. Retirez les morceaux de pommes de terre et écrasez-les à la fourchette.

Dans une poêle, faites chauffer sur feu doux le beurre et le vinaigre et faites dorer les navets pendant 5 minutes. Ajoutez un peu d'eau en cours de cuisson si nécessaire.

Dans une jatte, mixez les navets dorés avec la pomme de terre écrasée et la crème. Salez, donnez deux tours de moulin à poivre.

Servez aussitôt en accompagnement de magrets de canard fumés ou rôtis.

Conseil :

Faites dorer à la poêle quelques lamelles de navets crus dans un beurre bien chaud. Vous obtiendrez alors quelques « chips » de navets que vous présenterez sur la purée. Vous pouvez également parsemer de quelques grains de poivre concassés.

Purée
Tomates et thon

Lavez les tomates fraîches et découpez-les en petits dés. Égouttez le thon et les tomates pelées, et ôtez les parties dures des tomates.

Dans une jatte, écrasez le thon à la fourchette. Ajoutez les tomates pelées, la crème, la tomate concentrée, le persil, la ciboulette, l'aneth, le piment et mélangez le tout. Salez, donnez deux tours de moulin à poivre et ajoutez l'huile d'olive.

Mixez cette préparation et ajoutez les dés de tomates fraîches.

Servez cette purée tiède, en la passant 2 minutes au micro-ondes, ou froide, avec du pain de campagne grillé.

Conseil :

Cette purée peut également servir à farcir des tomates, des courgettes ou des champignons servis à l'apéritif.

Pour 4 personnes

INGRÉDIENTS :

4 boîtes de thon au naturel de 200 g chacune
2 tomates fraîches
1 petite boîte de tomates pelées
2 cuillerées à soupe de concentré de tomate
2 cuillerées à soupe de crème fraîche épaisse
2 cuillerées à soupe d'huile d'olive
1 cuillerée à soupe de persil
1 cuillerée à soupe de ciboulette
1 cuillerée à soupe d'aneth
1 pincée de piment d'Espelette
sel
poivre du moulin

Purée

Sardines épicées

Pour 4 personnes

INGRÉDIENTS :

4 boîtes de sardines à l'huile
3 cuillerées à soupe de crème fraîche épaisse
2 cuillerées à soupe de ciboulette ciselée
1 pincée de piment
sel
poivre du moulin

Égouttez les sardines et enlevez la peau en les grattant à l'aide d'une lame de couteau sans dents. Ôtez l'arête centrale.

Déposez les morceaux de poisson dans une jatte, ajoutez la crème, la ciboulette, le piment, le sel et le poivre du moulin, et mixez le tout.

Servez cette purée froide en entrée ou à l'apéritif sur du pain grillé.

Conseil :

Selon le goût de chacun, ajoutez de l'aneth, du persil ou de la coriandre hachés.

Divisez votre préparation en deux, pour l'une utilisez du piment, pour l'autre du paprika, vous obtiendrez ainsi des couleurs et des goûts différents.

Vous pouvez également acheter des sardines à l'huile d'olive, à la tomate ou au citron. Vous obtiendrez ainsi un goût différent à chaque fois.

Tomates épicées

Égouttez les tomates et ôtez les parties un peu dures. Épluchez l'ail et écrasez-le. Épluchez l'oignon et l'échalote et émincez-les.

Dans une poêle, faites chauffer sur feu vif l'huile d'olive et ajoutez l'oignon, l'échalote, l'ail et les tomates. Salez et donnez un tour de moulin à poivre. Laissez cette préparation réduire pendant 15 minutes. Vous devez obtenir des tomates compotées.

Dans une jatte, versez le contenu de la poêle, ajoutez le concentré de tomate, le piment d'Espelette et l'origan, puis mélangez.

Servez cette purée chaude, tiède ou froide, arrosée d'un filet d'huile d'olive.

Conseil :

Cette purée est idéale en été, accompagnée d'un fromage de chèvre mi-sec et de tartines de pain de campagne grillées, ou en hiver en accompagnement de pâtes ou d'une tranche de rôti froid.

POUR 4 PERSONNES

INGRÉDIENTS :

2 grosses boîtes de tomates pelées
6 cuillerées à soupe d'huile d'olive
1/2 tube de concentré de tomate
1/2 gousse d'ail
1 oignon jaune
1 échalote
2 pincées de piment d'Espelette
1 pincée d'origan
sel
poivre du moulin

Tomates épicées

Purée
Trois légumes

Lavez, épluchez et coupez les légumes en rondelles ou en cubes. Faites-les cuire individuellement à la vapeur.

Épluchez l'échalote et ciselez-la. Dans une grande poêle, faites fondre sur feu doux le beurre et l'échalote pendant 3 minutes. L'échalote doit être juste dorée.

Ajoutez les légumes et laissez-les dorer légèrement pendant environ 7 minutes. Lorsque les légumes sont dorés, surveillez leur cuisson et ajoutez si nécessaire un peu d'eau pour éviter qu'ils attachent.

Retirez les pommes de terre, réduisez-les en purée et ajoutez le lait. Mixez les carottes, les courgettes et l'échalote avec la crème et mélangez-les à la purée de pommes de terre. Salez si nécessaire, donnez deux tours de moulin à poivre et à muscade.

Servez aussitôt en accompagnement d'un poulet rôti, parsemé de thym.

Pour les petits :

Délicieuse avec le blanc de poulet des grands !

Pour 4 personnes

INGRÉDIENTS :

6 carottes
4 pommes de terre moyennes type bintje
4 courgettes
6 cuillerées à soupe de lait demi-écrémé
40 g de beurre
1 échalote
3 cuillerées à soupe de crème fraîche épaisse
noix de muscade
sel
poivre du moulin

Sucrées

Purée

Abricot - gingembre

Pour 4 personnes

INGRÉDIENTS :

12 abricots
2 pommes type golden
3 pincées de gingembre
40 g de beurre
2 sachets de sucre vanillé
30 cl d'eau
1 étoile de badiane
3 grains de poivre noir
5 cuillerées à soupe de sucre semoule
4 bâtonnets de melon confit

Lavez les abricots et ôtez les noyaux. Épluchez les pommes, coupez-les en quatre, puis ôtez le cœur et les pépins.

Dans une poêle, faites revenir dans le beurre, sur feu vif, les pommes avec 1 sachet de sucre vanillé. Laissez-les dorer pendant environ 8 minutes en les retournant régulièrement et en ajoutant un peu d'eau en cours de cuisson, si nécessaire.

Dans une casserole, mettez l'eau, la badiane, le poivre, le gingembre, le deuxième sachet de sucre vanillé et le sucre semoule. Faites chauffer ce mélange pendant environ 10 minutes jusqu'à obtenir un mélange un peu sirupeux.

Retirez la casserole du feu, ajoutez les abricots et couvrez. Laissez infuser pendant une vingtaine de minutes en remuant de temps en temps, puis égouttez les abricots et mixez-les avec les pommes cuites. Découpez le melon confit en petits dés et ajoutez-les au mélange.

Servez la purée tiède ou froide accompagné du sirop filtré.

Purée
Ananas - fraises

Épluchez l'ananas, coupez-le en deux et ôtez le cœur. Coupez-le en morceaux et arrosez de jus de citron. Lavez les fraises, ôtez les pédoncules et coupez-les en deux. Épluchez les pommes, coupez-les en quartiers, puis ôtez le cœur et les pépins.

Dans une casserole, faites cuire sur feu moyen l'eau, les pommes et 1 sachet de sucre vanillé pendant 8 minutes, jusqu'à ce que les pommes soient cuites. Vérifiez la cuisson avec la pointe d'un couteau, puis égouttez-les.

Dans une jatte, mixez l'ananas avec les fraises, les pommes, le sirop de framboises et le deuxième sachet de sucre vanillé.

Servez cette purée tiède ou froide.

Conseil :

Vous pouvez ajouter 6 litchis, frais ou en sirop, que vous mixerez avec tous les fruits. Selon votre goût, remplacez le sirop de framboises par de la crème de framboises alcoolisée ou du sirop de fraises.

Pour 4 personnes

INGRÉDIENTS :

1 ananas
250 g de fraises
2 pommes type golden
1 citron
10 cuillerées à soupe d'eau
2 sachets de sucre vanillé
3 cuillerées à soupe de sirop de framboises

Purée

Ananas - mangue

Pour 4 personnes

INGRÉDIENTS :

1 ananas
1/2 mangue
1/2 citron
1 sachet de sucre vanillé
1 cuillerée à soupe de miel liquide
2 pincées de gingembre
quelques feuilles de menthe

Pressez le demi-citron. Épluchez la mangue et l'ananas en ôtant la partie centrale dure.

Coupez l'ananas en cubes et citronnez-les, puis coupez la mangue en dés.

Mixez l'ananas et la mangue, ajoutez le sucre vanillé, le miel et le gingembre.

Servez frais avec quelques feuilles de menthe ciselées à la dernière minute et quelques gaufrettes.

Pour les petits :

Lire, en les croquant, les petites phrases rigolotes des gaufrettes.

Bananes flambées

Pour 4 personnes

INGRÉDIENTS :

6 bananes
1 citron vert
8 cuillerées à soupe de rhum brun
2 sachets de sucre vanillé
40 g de beurre
20 pépites de chocolat

Épluchez les bananes et coupez-les en grosses rondelles. Déposez-les dans une assiette et arrosez-les avec le jus de citron. Saupoudrez d'un sachet de sucre vanillé, puis écrasez-les avec une fourchette.

Dans une poêle, faites fondre le beurre sur feu vif et ajoutez les bananes écrasées et le deuxième sachet de sucre vanillé. Laissez dorer pendant environ 4 minutes.

Versez le rhum et approchez une allumette enflammée afin de flamber les bananes (attention ! !). Mixez les bananes flambées. Laissez-les tiédir.

Servez cette purée parsemée de pépites de chocolat, accompagnée de crêpes ou de gaufres saupoudrées de sucre glace.

FIGUES
ET FRUITS ROUGES

POUR 6 PERSONNES

INGRÉDIENTS :

800 g de figues violettes
150 g de framboises
150 g de mûres
1 sachet de sucre vanillé
2 cuillerées à soupe de kirsch
2 cuillerées à soupe de sucre semoule

Lavez les figues et ôtez les queues. Coupez-les en quartiers et conservez-en douze. Rincez les framboises et les mûres. Réservez quelques framboises pour la décoration.

Dans un saladier, écrasez à la fourchette les framboises et les mûres avec le sucre vanillé.

Dans une jatte, mélangez les figues et le kirsch, mixez-les assez grossièrement, puis ajoutez le mélange framboises-mûres et le sucre semoule.

Servez cette purée froide, décorée de quelques framboises entières et de deux quartiers de figue. Vous pouvez l'accompagner d'un fromage blanc en faisselle.

Conseil :

Hors saison, n'hésitez pas à utiliser des mûres et des framboises surgelées que vous aurez préalablement fait décongeler la veille au réfrigérateur.

Figues et fruits rouges

Purée
Bananes - mangues

Épluchez les fruits. Découpez grossièrement les mangues puis ôtez le noyau. Découpez les bananes en larges rondelles, arrosez-les avec le jus de citron et écrasez-les avec une fourchette.

Dans une poêle, faites revenir dans le beurre, sur feu vif, les mangues et la banane avec le sucre roux. Laissez cuire le tout jusqu'à ce que les fruits compotent. S'ils attachent, ajoutez un peu d'eau et réduisez le feu. Mixez légèrement afin que la purée ne soit pas trop liquide.

Servez cette purée tiède ou froide, saupoudrée de gingembre et d'amandes effilées grillées au beurre.

Conseil :

Vous pouvez remplacer le sucre roux par 2 sachets de sucre vanillé, et remplacer le gingembre par de la cannelle.

Pour les petits :

En utilisant une poche à douille, donnez libre cours à votre imagination : cœurs, étoiles, sapin… et servez ce dessert nature.

Pour 6 personnes

INGRÉDIENTS :

4 bananes
2 mangues d'environ 500 g chacune
1/2 citron vert
40 g de beurre
1 cuillerée à soupe de sucre roux
1 pincée de gingembre

Purée

Bananes

Épluchez les bananes, découpez-les en grosses rondelles et mettez-les dans une jatte. Écrasez-les et ajoutez le jus d'un demi-citron. Mélangez.
Ajoutez la crème, le miel, le sucre semoule et le sucre vanillé. Mixez le tout. Laissez volontairement quelques rondelles mal mixées pour donner de la consistance à votre purée.
Servez la purée froide ou à température ambiante.

Conseil :

Vous pouvez faire cuire la moitié des bananes avec 30 g de beurre sur feu moyen et mixer ces bananes cuites avec le reste des bananes crues.

Pour les petits :

Prévoyez des biscuits-mouillettes à tremper dans ce délicieux dessert…

POUR 4 PERSONNES

INGRÉDIENTS :

8 bananes
1/2 citron
2 cuillerées à soupe de crème fraîche épaisse
1 cuillerée à café de miel liquide
50 g de sucre semoule
1 sachet de sucre vanillé

Purée

Bananes - myrtilles

Pour 4 personnes

INGRÉDIENTS :

6 bananes
150 g de myrtilles
1 citron
40 g de beurre
1 sachet de sucre vanillé
1 cuillerée à soupe de sucre roux
2 pincées de cannelle

Rincez, puis égouttez les myrtilles. Épluchez et coupez les bananes en rondelles. Écrasez-les et arrosez-les du jus de citron.

Dans une poêle, faites chauffer le beurre sur feu moyen et faites revenir pendant 5 minutes les bananes écrasées avec le sucre vanillé et le sucre. Mélangez délicatement afin qu'elles n'attachent pas. Ajoutez un peu d'eau et réduisez le feu, si nécessaire.

Versez le contenu de la poêle dans une jatte, ajoutez les myrtilles et mélangez-les en les écrasant à la fourchette. Ajoutez la cannelle.

Servez la purée tiède ou froide.

Conseil :

Si vous le souhaitez, vous pouvez remplacer les myrtilles par des mûres ou du cassis. Pour ce dernier, ajoutez 2 cuillerées à soupe de sucre semoule.

Pour les petits :

Ce goûter sera plus solide et plus facile à déguster si vous ajoutez de la semoule : faites gonfler à couvert, pendant environ 5 minutes, 1 ou 2 cuillerées à soupe de semoule dans un peu de lait chaud sucré, puis mélangez à la purée.

Purée

Bananes - chocolat - fruits secs

Épluchez les bananes et coupez-les en grosses rondelles.

Dans une poêle, faites chauffer 40 g de beurre sur feu vif et faites revenir les bananes avec le sucre vanillé et le sucre roux. Ajoutez un peu d'eau en cours de cuisson. Laissez-les compoter pendant 5 minutes en veillant à ce qu'elles n'attachent pas.

Au bain-marie, ou dans un bol au micro-ondes, faites fondre le chocolat avec le reste de beurre.

Dans le bol d'un robot, concassez les noisettes et les noix.

Dans un plat de service, déposez les bananes mixées en une couche épaisse, ajoutez le chocolat fondu puis les noisettes et les noix concassées. Vous obtiendrez alors une purée avec 3 couches.

Dégustez tiède afin que le chocolat reste fondant.

Pour les petits :

Contentez-vous peut-être d'ajouter de la poudre de noisettes.

Pour 4 personnes

INGRÉDIENTS :

6 bananes
100 g de chocolat noir truffé
50 g de noisettes entières
50 g de cerneaux de noix
60 g de beurre
1 sachet de sucre vanillé
2 cuillerées à soupe de sucre roux

Cerises

Pour 4 personnes

Ingrédients :

1 kg de cerises noires
4 cuillerées à soupe de kirsch
2 bananes
30 g de beurre
3 cuillerées à soupe de sucre semoule

Lavez les cerises. Équeutez-les et ôtez les noyaux. Réservez-en une dizaine dans un bol avec le kirsch. Épluchez les bananes. Découpez-en une en rondelles et ajoutez-les aux cerises macérant dans le kirsch. Remuez délicatement et réservez.

Dans une poêle, faites chauffer le beurre sur feu moyen, versez le reste des cerises, la seconde banane coupée en rondelles et le sucre, puis laissez mijoter jusqu'à ce que les fruits compotent. Mixez-les grossièrement.

Égouttez les cerises et les rondelles de banane trempées dans le kirsch.

Servez les fruits alcoolisés sur la compotée de cerises.

Conseil :

Pour une présentation encore plus raffinée, vous pouvez rouler les fruits alcoolisés dans une assiette de sucre cristallisé. Passez-les quelques minutes au congélateur et déposez-les sur la compotée de cerises accompagnée de sablés.

Purée

Chocolat et crème de marrons

Pour 4 personnes

INGRÉDIENTS :

12 carrés de chocolat au lait
60 g de crème de marrons
6 pommes
50 g de beurre
1 sachet de sucre vanillé
50 g d'amandes effilées

Épluchez les pommes, coupez-les en quatre, puis ôtez le cœur et les pépins.
Dans une poêle, faites fondre 40 g de beurre sur feu moyen, ajoutez les quartiers de pommes ainsi que le sucre vanillé et laissez cuire pendant 7 minutes. Ajoutez un peu d'eau en cours de cuisson, si nécessaire. Versez les pommes dans une jatte et mixez-les grossièrement.
Cassez le chocolat dans un bol, ajoutez le reste de beurre et faites-le fondre au micro-ondes. Ajoutez la crème de marrons et remuez. Versez le mélange chocolat-crème de marrons sur les pommes et mélangez.
Dans une poêle antiadhésive, faites griller les amandes effilées pendant 1 à 2 minutes : attention, elles colorent très vite, surveillez afin qu'elles ne brûlent pas !
Servez la purée parsemée d'amandes grillées.

Conseil :

Cette purée est idéale avec un biscuit de Savoie ou un quatre-quarts.

Pour les petits :

Sans les amandes, utilisez cette purée comme une pâte à tartiner… moustaches en chocolat garanties !

Purée

Fraises des bois

Lavez et équeutez les fraises. Mettez-les dans un grand saladier, ajoutez la crème de framboises et le sucre vanillé, puis mélangez. Réservez.

Épluchez les pommes, coupez-les en quatre, puis ôtez le cœur et les pépins.

Dans une poêle, faites fondre le beurre sur feu moyen et faites dorer les pommes environ 7 minutes en ajoutant, si nécessaire, un peu d'eau pour qu'elles n'attachent pas. Une fois cuites, mixez-les.

Écrasez les fraises grossièrement, puis incorporez les pommes. Laissez refroidir au réfrigérateur.

Servez avec des macarons pralinés.

Pour 4 personnes

INGRÉDIENTS :

500 g de fraises des bois
2 pommes type golden
2 cuillerées à soupe de crème de framboises
1 sachet de sucre vanillé
30 g de beurre

FIGUES - POMMES - BANANES

POUR 4 PERSONNES

INGRÉDIENTS :

500 g de figues
3 pommes
2 bananes
3 cuillerées à soupe de sucre semoule
15 cl d'eau
1 sachet de sucre vanillé
3 pincées de cannelle en poudre

Lavez les figues, ôtez les queues et découpez-les en quartiers. Épluchez les pommes. Découpez-les en quartiers. Ôtez les cœurs et les pépins. Épluchez les bananes. Découpez-les en grosses rondelles et écrasez-les avec une fourchette avec le sucre semoule.

Dans une casserole, faites chauffer l'eau sur feu moyen, le sucre vanillé et les quartiers de pommes. Laissez-les cuire avec un couvercle pendant environ 7 minutes.

Mixez les pommes avec les figues et les bananes. Ajoutez la cannelle en poudre.

Servez cette purée chaude, tiède ou froide, accompagnée de sablés bretons.

Griottes - poires - bananes

Pour 4 personnes

INGRÉDIENTS :

1 bocal de 250 g de griottes
4 poires
2 bananes
2 cuillerées à soupe de kirsch
5 cuillerées à soupe de sucre semoule
40 g de beurre
1 sachet de sucre vanillé
quelques feuilles de menthe

Épluchez les poires, coupez-les en quatre, puis ôtez le cœur et les pépins. Épluchez les bananes et coupez-les en grosses rondelles.

Égouttez les griottes et ôtez les noyaux. Dans une jatte, versez les griottes, le kirsch et le sucre semoule. Mélangez et laissez reposer.

Dans une poêle, faites chauffer le beurre sur feu vif et faites dorer les poires avec le sucre vanillé pendant 5 minutes. Ajoutez un peu d'eau en cours de cuisson, si nécessaire. Ajoutez les bananes et laissez à nouveau cuire 4 minutes en remuant régulièrement.

Dans une jatte, mixez les bananes, les poires et la moitié des griottes. Ajoutez le reste des griottes et mélangez.

Servez cette purée fraîche parsemée de feuilles de menthe.

Conseil :

Vous pouvez présenter cette purée avec une glace au cassis ou à la framboise ou encore avec une glace aux fruits rouges.

Purée

Fraises - framboises - groseilles

Lavez les fraises, les framboises et les groseilles. Égouttez-les. Ôtez les petites branches des groseilles. Ôtez les pédoncules des fraises et coupez-les en quatre.
Dans une poêle, faites chauffer le beurre, le sucre vanillé et les fraises. Laissez-les compoter doucement pendant environ 5 à 6 minutes en remuant régulièrement.
Dans une jatte, mélangez les framboises, les groseilles et le sucre semoule. Écrasez-les avec une fourchette. Égouttez les fraises cuites et versez-les dans la jatte. Écrasez-les aussi, mais plus grossièrement. Mélangez.
Servez cette purée tiède ou froide.

Conseil :

Vous pouvez servir cette purée avec une crème chantilly que vous poserez au centre des assiettes ou une crème fouettée parfumée à la noix de coco.

Pour 4 personnes

INGRÉDIENTS :

500 g de fraises
150 g de framboises
150 g de groseilles
30 g de beurre
1 sachet de sucre vanillé
40 g de sucre semoule

Fraises - framboises - groseilles

Purée
Brugnons - pêches

Pour 4 personnes

INGRÉDIENTS :

8 brugnons
2 pêches jaunes
25 cl d'eau
50 g de sucre semoule
1 bâton de cannelle
20 g de beurre
1 sachet de sucre vanillé
4 cuillerées à café de gelée de groseille

Lavez les brugnons et épluchez les pêches. Coupez-les en quartiers et ôtez les noyaux.

Dans une casserole, versez 25 cl d'eau, le sucre, la cannelle et les brugnons. Faites chauffer ce mélange sur feu vif pendant environ 10 minutes. Retirez-le du feu et laissez pocher les fruits pendant 10 minutes.

Dans une poêle, faites revenir dans le beurre, sur feu vif, les pêches avec le sucre vanillé. Faites-les dorer pendant environ 4 minutes en les retournant de temps en temps.

Égouttez les brugnons, mettez-les dans une jatte et mixez-les avec les pêches.

Servez cette purée fraîche, accompagnée de gelée de groseille et de palets bretons.

Conseil :

Vous pouvez faire dorer une pêche coupée en lamelles et la présenter sur le bord de l'assiette.

Purée
Orange confite

Pour 6 personnes

INGRÉDIENTS :

8 oranges
10 bâtonnets d'orange confite
25 cl d'eau
3 cuillerées à soupe de fleur d'oranger
1 bâton de cannelle
2 pincées de gingembre
1 pincée de poivre blanc
80 g de sucre semoule
20 g de beurre
1 sachet de sucre vanillé
6 feuilles de menthe fraîche

Épluchez les oranges, enlevez soigneusement les peaux blanches, et détaillez-les en quartiers.

Découpez les bâtonnets d'orange confite en petits dés.

Dans une grande casserole, versez l'eau, la fleur d'oranger, la cannelle, le gingembre, le poivre et le sucre. Faites cuire ce mélange pendant 5 minutes sur feu vif avec un couvercle.

Retirez la casserole du feu, ajoutez les quartiers de 7 oranges et couvrez. Laissez-les pocher pendant 10 minutes, puis égouttez les oranges et filtrez le jus avec une passoire fine. Mixez les oranges grossièrement.

Dans une poêle, sur feu vif, faites revenir dans le beurre le reste des quartiers d'orange avec le sucre vanillé. Veillez à ce que chaque quartier soit doré. Réservez-les.

Sur chaque assiette, déposez quelques cuillerées d'orange confite, un quartier doré, parsemez de quelques dés d'orange confite, une feuille de menthe, et éventuellement une boule de glace à l'abricot.

Pêches de vigne au cassis

Pour 4 personnes

Ingrédients :

10 pêches de vigne
10 cuillerées à soupe d'eau
1 bâton de cannelle
5 grains de poivre blanc
12 cuillerées à soupe de sucre semoule
2 cuillerées à soupe de sirop de cassis

Lavez et épluchez les pêches, coupez-les en quartiers et ôtez les noyaux.
Dans une casserole, versez l'eau, ajoutez les pêches, la cannelle, le poivre concassé et le sucre semoule. Faites chauffer ce mélange sur feu moyen pendant environ 15 minutes. Ajoutez encore un peu d'eau en cours de cuisson, si nécessaire. Vérifiez leur cuisson avec la pointe d'un couteau.
Retirez la cannelle et les plus gros morceaux de poivre. Mixez le mélange. Ajoutez le sirop de cassis.
Servez cette purée tiède ou fraîche accompagnée de crème fraîche parfumée de sucre vanillé ou d'un fromage blanc en faisselle.

Conseil :

Remplacez, si vous le souhaitez, le sirop de cassis par un sirop de fraises, de framboises…

Fraises poivrées

Pour 4 personnes

Ingrédients :

800 g de fraises
3 bananes
50 cl de vin rouge type bordeaux
150 g de sucre semoule
3 pincées de cannelle ou 1 bâton de cannelle
10 grains de poivre noir
2 cuillerées à soupe de jus de citron
2 cuillerées à soupe de sucre semoule

Lavez et équeutez les fraises. Coupez-les en deux ou en quatre selon leur taille.

Dans une casserole, versez le vin et le sucre, ajoutez la cannelle et les grains de poivre écrasés. Faites cuire ce mélange sur feu moyen pendant 10 minutes. Versez ensuite les fraises dans la casserole et laissez-les pocher 10 minutes.

Épluchez les bananes. Découpez-les en grosses rondelles. Dans une assiette, écrasez-les avec le jus de citron et le sucre.

Égouttez les fraises et mixez-les avec les bananes écrasées. Filtrez le jus des fraises avec une passoire fine.

Servez cette purée froide, accompagnée du jus filtré.

Conseil :

Vous pouvez accompagner cette purée de madeleines pur beurre ou aromatisées à la fleur d'oranger ou au citron. Pour les amateurs de sorbet, un sorbet au cassis ou à la framboise sera idéal.

Poires - amandes

Pour 4 personnes

INGRÉDIENTS :

8 poires
50 g de poudre d'amandes
40 g de beurre
1 sachet de sucre vanillé
5 pralines roses
50 g d'amandes entières décortiquées
2 cuillerées à soupe de sucre roux
quelques gouttes d'extrait d'amande amère

Épluchez les poires, coupez-les en quatre, puis ôtez le cœur et les pépins.
Dans une poêle, faites revenir dans le beurre, sur feu moyen, les poires avec le sucre vanillé. Laissez-les dorer pendant 7 minutes et ajoutez un peu d'eau en cours de cuisson, si nécessaire.
Dans un robot, versez les pralines et les amandes entières, et concassez-les grossièrement. Mixez les poires avec la poudre d'amandes et le sucre roux. Ajoutez 3 gouttes d'amande amère.
Servez cette purée parsemée de pralines et d'amandes concassées. Vous pouvez même la présenter avec des pralines entières que vos convives croqueront avec gourmandise.

Conseil :

Attention, l'amande amère est très concentrée : n'ayez pas la main trop lourde, car cela emporterait le bon goût des fruits.

Purée

Pêches - abricots

Coupez les abricots secs en petits dés. Dans un bol, faites-les tremper dans l'eau de fleur d'oranger. Épluchez les pêches, ôtez la peau, coupez-les en quartiers et ôtez les noyaux. Lavez les abricots, coupez-les en deux et ôtez les noyaux.

Versez l'eau dans une casserole, ajoutez le sucre vanillé et les pêches, puis laissez cuire pendant 7 minutes à partir de l'ébullition.

Dans une jatte, mixez les abricots avec le sucre semoule. Égouttez les pêches et mixez-les avec les abricots. Égouttez les abricots secs et mélangez-les à la purée.

Servez cette purée, tiède ou froide, accompagnée d'un quatre-quarts.

Pour les petits :

Émiettez un peu de gâteau dans la purée pour lui donner un peu de consistance.

Pour 6 personnes

INGRÉDIENTS :

4 pêches jaunes
10 abricots
100 g d'abricots secs
6 cuillerées à soupe d'eau de fleur d'oranger
20 cuillerées à soupe d'eau
1 sachet de sucre vanillé
4 cuillerées à soupe de sucre semoule

Pêches - abricots

Purée

Poires - chocolat

Pour 6 personnes

Ingrédients :

8 poires
12 carrés de chocolat au lait
20 g de beurre
1 sachet de sucre vanillé
1 cuillerée à soupe de sucre semoule
15 cl d'eau

Épluchez les poires, coupez-les en quatre, puis ôtez le cœur et les pépins. Prenez quatre quartiers et découpez-les en petits dés. Concassez les carrés de chocolat.

Dans une poêle, faites chauffer le beurre sur feu vif et laissez dorer les dés de poires pendant environ 5 minutes.

Dans une casserole, faites cuire sur feu vif les quartiers de poires avec l'eau, le sucre vanillé et le sucre semoule pendant 10 minutes. Égouttez-les et mixez-les.

Dans un plat de service, mélangez la poire mixée, les dés dorés et les éclats de chocolat qui vont fondre un peu avec la tiédeur des fruits.

Servez cette purée aussitôt, accompagnée d'un sorbet à la poire.

Conseil :

Vous pouvez préparer cette purée à l'avance et la faire tiédir juste avant de la servir.

Purée

Poires et brioche

Épluchez les poires, coupez-les en quartre, puis ôtez le cœur et les pépins. Coupez les tranches de brioche en deux.

Dans un bol, mélangez au fouet le lait, l'œuf, le sucre semoule et la vanille liquide. Versez le mélange sur les morceaux de brioche déposés dans une assiette creuse, et faites en sorte que toute la brioche en soit imbibée.

Dans une poêle, faites chauffer sur feu vif la moitié du beurre et ajoutez les poires et le sucre vanillé. Laissez revenir pendant 7 minutes en les retournant régulièrement. Baissez le feu pour qu'elles ne brûlent pas. Ajoutez un peu d'eau en cours de cuisson, si nécessaire.

Dans une autre poêle, faites revenir dans le reste du beurre les morceaux de brioche égouttés. Laissez dorer chaque face pendant environ 3 minutes.

Dans une jatte, mixez grossièrement les poires et la moitié des morceaux de brioche dorés.

Présentez la purée de poires avec le reste de brioche, accompagnée de crème anglaise très froide ou d'une glace à la framboise.

Pour les petits :

Parsemez cette purée de vermicelles au chocolat ou multicolores, que vous trouverez au rayon décoration pâtisserie des grandes surfaces.

Pour 4 personnes

INGRÉDIENTS :

6 poires
3 tranches de brioche un peu rassise
10 cl de lait
1 œuf
5 cuillerées à soupe de sucre semoule
2 cuillerées à soupe de vanille liquide
80 g de beurre salé
1 sachet de sucre vanillé

Purée
Framboises - pêches

Pour 4 personnes

Ingrédients :
600 g de framboises
4 pêches jaunes ou blanches
8 cuillerées à soupe de sucre semoule
20 cl d'eau

Épluchez les pêches, ôtez la peau, coupez-les en quartiers et ôtez les noyaux.

Dans une casserole, faites cuire sur feu moyen les quartiers de pêches avec l'eau et le sucre pendant environ 7 minutes à partir de l'ébullition. Égouttez.

Rincez et égouttez les framboises. Réservez-en quelques-unes pour la décoration. Mettez-les dans une jatte avec les pêches égouttées et écrasez-les avec une fourchette.

Servez cette purée tiède ou froide, décorée de quelques framboises entières et accompagnée de macarons.

Mûres - myrtilles

Pour 6 personnes

INGRÉDIENTS :

150 g de mûres
150 g de myrtilles
6 poires
2 pommes type golden
40 g de beurre
2 sachets de sucre vanillé
3 pincées de cannelle
2 cuillerées à soupe de sucre semoule

Rincez puis égouttez les mûres et les myrtilles. Réservez quelques fruits pour la décoration.

Épluchez les poires et les pommes. Ôtez les cœurs et les pépins. Coupez-les en quartiers.

Dans unc poêle, faites fondre le beurre sur feu vif. Ajoutez les pommes, les poires et le sucre vanillé. Laissez-les dorer sur chaque face en les retournant régulièrement. Ajoutez, si nécessaire, un peu d'eau en cours de cuisson pour que les fruits n'attachent pas.

Dans une jatte, mélangez les pommes, les poires, les myrtilles, les mûres, la cannelle et le sucre semoule. Mixez le tout.

Servez la purée tiède ou froide, décorée avec quelques mûres et myrtilles, et accompagnée de calissons ou de glace au calisson saupoudrée de cannelle.

Purée

Poires et riz

Pour 6 personnes

INGRÉDIENTS :

100 g de riz rond
4 poires
40 g de beurre
1 sachet de sucre vanillé
1 gousse de vanille
35 cl de lait entier
1 cuillerée à soupe de vanille liquide
40 g de sucre semoule
zestes de citron (facultatif)

Épluchez les poires, coupez-les en quatre puis ôtez les cœurs et les pépins.

Dans une poêle, faites fondre le beurre sur feu vif et faites revenir les poires avec le sucre vanillé pendant 7 minutes. Ajoutez un peu d'eau en cours de cuisson, si nécessaire. Laissez-les dorer sur chaque face. Une fois cuites, ouvrez la gousse de vanille dans le sens de la longueur et faites glisser sur les poires les grains de vanille avec la lame du couteau.

Faites précuire le riz dans 18 cl d'eau jusqu'à ce qu'elle soit évaporée. Ajoutez ensuite le lait et la vanille liquide. Laissez cuire jusqu'à ce que le lait soit quasiment absorbé en remuant régulièrement et ajoutez le sucre semoule. Mélangez jusqu'à absorption totale du lait. Le temps de cuisson du riz au lait est environ de 40 minutes.

Mixez le riz avec les poires dorées et vanillées.

Servez cette purée tiède, parsemée, selon votre goût, de quelques zestes de citron.

Conseil :

Cette purée remportera un grand succès auprès des plus grands comme des plus petits. Vous pouvez l'accompagner d'une glace à l'orange ou au citron confit.

Purée

Pommes - abricots

Épluchez les pommes. Découpez-les en quartiers. Ôtez les cœurs et les pépins. Lavez les abricots. Essuyez-les, coupez-les en deux, ôtez les noyaux. Déposez les demi-abricots dans une assiette, arrosez-les d'eau de fleur d'oranger et ajoutez 1 sachet de sucre vanillé. Mélangez et réservez.

Dans une poêle, faites chauffer 40 g de beurre sur feu vif, ajoutez les pommes et le deuxième sachet de sucre vanillé. Laissez dorer pendant environ 7 minutes, en ajoutant un peu d'eau en cours de cuisson, si nécessaire.

Dans une autre poêle, faites chauffer sur feu vif le reste du beurre et ajoutez les abricots égouttés. Laissez-les dorer pendant 4 minutes en les retournant. Ajoutez le jus de la fleur d'oranger s'il en reste dans l'assiette.

Dans une jatte, mixez les pommes et les abricots. Ajoutez le gingembre et mélangez.

Servez cette purée tiède ou froide.

Conseil :

Vous pouvez ajouter 1 cuillerée à soupe de sucre roux ou 2 cuillerées à soupe de sucre semoule si vous souhaitez sucrer un peu plus cette purée. Vous pouvez l'accompagner d'une glace très vanillée et de quelques feuilles de menthe fraîche ciselées à la dernière minute.

Pour 4 personnes

Ingrédients :

6 pommes
5 abricots
5 cuillerées à soupe d'eau de fleur d'oranger
2 sachets de sucre vanillé
70 g de beurre
3 pincées de gingembre moulu

Kiwis - pommes

Épluchez les kiwis. Découpez-les en rondelles en en réservant quatre pour la décoration. Épluchez les pommes, coupez-les en quatre, puis ôtez le cœur et les pépins.

Versez l'eau dans une casserole, ajoutez 1 sachet de sucre vanillé et les quartiers de pommes, puis laissez cuire pendant 7 minutes à partir de l'ébullition.

Mixez grossièrement les kiwis avec les quartiers de pommes égouttés : laissez volontairement quelques morceaux un peu plus gros. Ajoutez le deuxième sachet de sucre vanillé.

Servez la purée de kiwis froide, décorée d'une tranche de kiwi.

Conseil :

Pour rendre cette purée plus consistante, ajoutez 2 pommes ou de la gélatine.

Pour le plaisir de tous, vous pouvez réaliser des portions individuelles dans des petits ramequins.

Pour les petits :

Ajoutez un peu plus de sucre afin de ne pas les dérouter avec l'acidité naturelle de ce fruit pourtant très riche en vitamines !

Pour 6 personnes

INGRÉDIENTS :

2 pommes type golden
10 kiwis
10 cuillerées à soupe d'eau
2 sachets de sucre vanillé

Purée

Poires et marrons

Réservez une demi-poire et deux marrons.

Dans une poêle, faites chauffer le beurre sur feu moyen et ajoutez les poires égouttées et le sucre vanillé. Laissez-les dorer doucement en les retournant de temps en temps. Ajoutez, si nécessaire, un peu d'eau en cours de cuisson pour qu'elles n'attachent pas.

Dans une jatte, écrasez les marrons avec la crème de marrons, puis mixez-les avec les poires et la crème fraîche.

Servez la purée tiède ou froide, accompagnée d'une glace à la vanille. Décorez d'un demi-marron et de quelques petits morceaux de poire.

Conseil :

En saison, bien entendu, utilisez des poires type guyot ou williams. Coupez-les en quatre, ôtez le cœur et les pépins, puis faites-les dorer avec 40 g de beurre pendant environ 20 minutes, en ajoutant un peu d'eau en cours de cuisson, si nécessaire.

Pour 4 personnes

INGRÉDIENTS :

6 poires au sirop en bocal
1 bocal de marrons cuits
4 cuillerées à soupe de crème de marrons
30 g de beurre
2 sachets de sucre vanillé
2 cuillerées à soupe de crème fraîche épaisse

Purée

Pommes - coings

Pour 6 personnes

Ingrédients :

6 pommes
2 coings
16 cuillerées à soupe d'eau
1 bâton de cannelle
5 grains de poivre blanc
1 étoile de badiane
4 cuillerées à soupe de sucre semoule
40 g de beurre
1 sachet de sucre vanillé
cannelle en poudre

Épluchez les pommes et les coings, coupez-les en quatre, puis ôtez les cœurs et les pépins.

Dans une casserole, versez l'eau, ajoutez le bâton de cannelle, les grains de poivre concassés, l'étoile de badiane, le sucre semoule et déposez les quartiers de coings. Faites cuire avec un couvercle pendant environ 20 minutes. Regardez régulièrement s'ils ne manquent pas d'eau. Vérifiez la cuisson des coings avec la lame d'un couteau. Prolongez la cuisson jusqu'à ce qu'ils soient tendres. Laissez-les ensuite infuser dans leur sirop.

Dans une poêle, faites fondre le beurre sur feu vif et ajoutez les pommes et le sucre vanillé. Laissez-les dorer pendant 7 minutes en les retournant et en ajoutant un peu d'eau en cours de cuisson, si nécessaire.

Égouttez les coings et filtrez le sirop. Mixez les coings avec les pommes.

Servez cette purée avec 1 cuillerée à café de sirop filtré, saupoudrée de cannelle, en accompagnement d'une brioche au beurre ou à la fleur d'oranger.

Conseil :

Vous pouvez ajouter quelques zestes d'orange dans la casserole de coings.

Purée

Pommes et marrons

Épluchez les pommes, coupez-les en quatre, puis ôtez le cœur et les pépins.

Dans une poêle, faites fondre le beurre salé et ajoutez les quartiers de pommes et le sucre vanillé. Laissez-les dorer pendant 7 minutes en ajoutant un peu d'eau en cours de cuisson, si nécessaire.

Dans une autre poêle, faites fondre le beurre et ajoutez les marrons. Laissez-les dorer environ 4 minutes en les retournant régulièrement.

Dans une jatte, versez le contenu des deux poêles, ajoutez la crème de marrons et mixez.

Dans un bol, mélangez la crème fraîche et la poudre d'amandes.

Servez cette purée tiède ou froide, accompagnée d'une cuillerée de crème d'amandes et d'une brioche ou d'un pain au lait passé au four.

Pour 4 personnes

INGRÉDIENTS :

6 pommes royal gala
1/2 bocal de marrons
2 cuillerées à soupe de crème de marrons
30 g de beurre salé
30 g de beurre
1 sachet de sucre vanillé
4 cuillerées à soupe de crème fraîche épaisse
50 g de poudre d'amandes

Purée
Pommes - céréales

Pour 4 personnes

INGRÉDIENTS :

4 pommes type golden
4 pommes type royal gala
80 g de céréales type müesli
50 g de beurre
2 cuillerées à soupe de sucre semoule
10 cl d'eau
1 sachet de sucre vanillé
2 cuillerées à soupe de sucre roux
3 cuillerées à soupe de crème fraîche épaisse

Épluchez les pommes, coupez-les en quatre, puis ôtez le cœur et les pépins.

Dans une poêle, faites fondre sur feu vif 25 g de beurre et faites dorer la moitié des pommes avec le sucre semoule. Retournez-les régulièrement pendant 7 minutes en ajoutant de l'eau en cours de cuisson pour éviter qu'elles attachent avec le sucre qui va caraméliser. Vous pouvez les couvrir pour qu'elles soient plus moelleuses.

Dans une casserole, faites chauffer sur feu moyen l'eau et le reste des pommes pendant environ 7 minutes en les couvrant. Égouttez-les.

Dans une autre poêle, faites fondre le reste du beurre sur feu doux, ajoutez les céréales et le sucre vanillé, puis laissez dorer, pendant 5 minutes, en remuant.

Dans une jatte, mélangez les pommes et mixez grossièrement.

Dans un plat de service, versez les pommes mixées et saupoudrez de sucre roux. Ajoutez la crème que vous lisserez à l'aide d'une spatule puis versez les céréales dorées et encore tièdes.

Servez cette purée tiède ou froide.

Conseil :

Mélanger des pommes de variétés différentes est recommandé. En revanche, la granny-smith se comporte mal à la cuisson : je ne vous la conseille pas.

Purée

Passion - Framboises

Pour 4 personnes

INGRÉDIENTS :

12 fruits de la passion
300 g de framboises
4 cuillerées à soupe de sucre semoule
1 sachet de sucre vanillé
quelques feuilles de menthe

Coupez les fruits de la passion en deux. Dans une jatte, évidez-les à l'aide d'une petite cuillère. Écrasez la chair du fruit à l'aide d'une fourchette et mélangez-la avec le sucre semoule.

Rincez et égouttez les framboises. Incorporez les framboises et le sucre vanillé aux fruits de la passion. Mélangez.

Servez cette purée très fraîche, décorée de feuilles de menthe et accompagnée de gaufres.

Purée

Pommes - noix de coco

Pour 4 personnes

INGRÉDIENTS :

6 pommes
50 g de noix de coco râpée
40 g de beurre
1 sachet de sucre vanillé
5 cuillerées à soupe de sucre semoule
3 cuillerées à soupe de crème fraîche épaisse
quelques copeaux de noix de coco secs

Épluchez les pommes, coupez-les en quartiers, puis ôtez le cœur et les pépins.

Dans une poêle, faites fondre sur feu vif le beurre et faites dorer les pommes avec le sucre vanillé pendant 7 minutes. Ajoutez un peu d'eau en cours de cuisson, si nécessaire.

Dans une jatte, mixez les pommes. Ajoutez la noix de coco râpée, le sucre semoule et la crème fraîche. Mélangez.

Servez cette purée fraîche, parsemée de copeaux de noix de coco.

Pour les petits :

Ne mettez pas de copeaux de noix de coco, mais optez pour l'ambiance « des îles » en proposant en boisson un jus de mangue ou de litchis.

Purée

POMMES - PRUNEAUX

Épluchez les pommes, coupez-les en quartiers, puis ôtez le cœur et les pépins. Coupez les pruneaux en quatre. Faites-les tremper dans un bol avec l'armagnac et le sucre semoule.

Dans une poêle, faites fondre le beurre sur feu vif et faites dorer les pommes avec le sucre vanillé pendant 8 minutes. Ajoutez un peu d'eau en cours de cuisson pour que les pommes n'attachent pas.

Dans une jatte, mixez les pommes. Ajoutez les pruneaux égouttés et mélangez.

Dans une poêle antiadhésive, faites griller les amandes effilées pendant 1 à 2 minutes : attention, elles colorent très vite, surveillez afin qu'elles ne brûlent pas !

Servez la purée tiède ou froide parsemée d'amandes grillées.

Conseil :

Vous pouvez ajouter une banane avec les pommes afin de rendre cette purée encore plus onctueuse, ou mixer la moitié des pruneaux et mélanger le reste en morceaux.

Pour les petits :

Évidemment, ne faites pas tremper les pruneaux dans l'alcool et ajoutez 2 bananes avec les pommes. Mixez le tout et optez pour des amandes en poudre.

POUR 4 PERSONNES

INGRÉDIENTS :

6 pommes type gala ou golden
200 g de pruneaux dénoyautés
5 cl d'armagnac
3 cuillerées à soupe de sucre semoule
40 g de beurre
1 sachet de sucre vanillé
50 g d'amandes effilées

Purée

Pommes - fraises - bananes

Pour 4 personnes

Ingrédients :

6 pommes
250 g de fraises
2 bananes
30 g de beurre
3 cuillerées à soupe de sucre roux
1 sachet de sucre vanillé

Épluchez les pommes, coupez-les en quatre, puis ôtez le cœur et les pépins. Recoupez-les en deux. Lavez les fraises. Ôtez les pédoncules et coupez-les en petits dés. Réservez-en quelques-unes pour la décoration. Ôtez la peau des bananes.

Dans une poêle, faites fondre le beurre sur feu moyen et faites revenir les morceaux de pommes avec les 2 sucres pendant environ 5 minutes. Ajoutez de l'eau en cours de cuisson car les pommes vont caraméliser avec le sucre. Ajoutez les bananes coupées en rondelles. Mélangez régulièrement et ajoutez un peu d'eau, si nécessaire, jusqu'à ce que les fruits soient cuits.

Versez le mélange dans une jatte et mixez. Ajoutez les dés de fraise et mélangez.

Servez ce mélange tiède ou frais.

Purée

Pommes - poires - fruits secs

Épluchez les pommes et les poires. Coupez-les en quatre, puis ôtez le cœur et les pépins. Recoupez-les en deux.

Dans une poêle, faites fondre le beurre salé, ajoutez les morceaux de pommes et de poires ainsi que le miel. Faites-les revenir pendant 10 minutes en les retournant régulièrement pour les faire dorer sur chaque face. Le temps de la cuisson dépend de la maturité des fruits. Ajoutez, si nécessaire, un peu d'eau en cours de cuisson pour que les fruits n'attachent pas.

Versez les fruits dans une jatte et mixez. Ajoutez le sucre vanillé et mélangez.

Dans un hachoir, concassez les amandes, les noisettes et les pistaches puis faites-les griller dans une poêle, sans matière grasse, pendant 3 minutes. Attention car cela peut brûler rapidement.

Servez dans des verres en superposant des couches de fruits cuits et des couches de fruits secs.

Conseil :

Vous pouvez également mélanger fruits cuits et fruits secs, et remplacer les noisettes par des noix.

Pour les petits :

Sans les fruits secs… Un délicieux classique !

POUR 4 PERSONNES

INGRÉDIENTS :

4 pommes type golden
4 poires
100 g d'un mélange amandes, noisettes et pistaches
60 g de beurre salé
1 cuillerée à soupe de miel liquide
1 sachet de sucre vanillé

Purée

Rhum - raisins

Pour 4 personnes

INGRÉDIENTS :

750 g de raisin blanc
100 g de raisins secs mélangés
5 cl de rhum brun
60 g de beurre
1 sachet de sucre vanillé
6 cuillerées à soupe de sucre semoule

Pour la semoule :

6 cuillerées à soupe de semoule fine
15 cl de lait demi-écrémé
1 cuillerée à soupe de vanille liquide
2 cuillerées à soupe de sucre semoule

Lavez le raisin blanc. Égrenez-le et coupez les grains en deux afin d'enlever les pépins. Dans un bol, faites macérer les raisins secs dans le rhum.

Dans une poêle, faites fondre 40 g de beurre sur feu vif et ajoutez le raisin blanc, le sucre vanillé et le sucre semoule. Laissez dorer pendant 5 minutes en les retournant régulièrement.

Dans une autre poêle, faites fondre sur feu vif le reste du beurre et faites revenir les raisins secs égouttés pendant 2 minutes en mélangeant.

Faites chauffer le lait jusqu'à quasi-ébullition. Ajoutez la vanille, le sucre semoule et la semoule. Mélangez et couvrez pendant 5 minutes pour laisser la semoule gonfler.

Mixez les grains de raisin blanc. Versez-les dans une jatte, ajoutez les raisins secs grillés et la semoule. Mélangez.

Servez cette purée tiède ou froide, accompagnée d'une glace à la vanille parsemée de grains de vanille que vous aurez grattés à l'intérieur d'une gousse fendue en deux.

Purée

Rhubarbe

Lavez les framboises, égouttez-les.

Dans une grande casserole, faites décongeler sur feu moyen la rhubarbe avec le sucre semoule, l'eau et le sucre vanillé jusqu'à ce qu'elle soit cuite et fondante. Mélangez de temps en temps. Ôtez du feu, égouttez-la, laissez-la tiédir puis mixez-la grossièrement avec la moitié des framboises.

Versez la rhubarbe dans un plat de service et laissez-la refroidir. Ajoutez ensuite la moitié restante des framboises et mélangez délicatement.

Servez la purée de rhubarbe tiède ou froide, accompagnée de tuiles aux amandes.

Pour 6 personnes

INGRÉDIENTS :

800 g de rhubarbe surgelée
200 g de framboises
150 g de sucre semoule
5 cuillerées à soupe d'eau
2 sachets de sucre vanillé

Rhubarbe

Purée
QUETSCHES - MIRABELLES

Lavez les mirabelles et les quetsches, puis ôtez les noyaux.

Dans une poêle, faites fondre 25 g de beurre, puis ajoutez le sucre vanillé et les mirabelles. Laissez-les cuire environ 6 minutes jusqu'à ce qu'elles compotent.

Dans une autre poêle, faites fondre le reste du beurre et le miel, puis ajoutez les quetsches. Laissez-les également compoter.

Mixez grossièrement les deux préparations séparément, puis mélangez-les.

Servez cette purée chaude, tiède ou froide.

Conseil :

À déguster avec des crêpes.

POUR 6 PERSONNES

INGRÉDIENTS :

500 g de quetsches
500 g de mirabelles
50 g de beurre
1 sachet de sucre vanillé
1 cuillerée à soupe de miel liquide

Index par produits

Shopping

Remerciements

À toute l'équipe Minerva qui m'a renouvelé sa confiance et m'a permis d'écrire ce nouvel ouvrage avec beaucoup d'enthousiasme, et notamment à Sylvie Desormière et Barbara Sabatier.

À mon mari, mon meilleur ambassadeur, pour son soutien et son bon sens critique.

À notre bébé, qui a vécu toute cette aventure dans le ventre de sa maman, à qui je ne manquerai pas de faire goûter ces purées lorsqu'il sera né.

À mes parents et mes beaux-parents pour leur discrétion et leurs regards bienveillants.

À Catherine Bouillot et Alain Gelberger, styliste et photographe de ce livre pour leur accueil, leur bonne humeur et leur travail.

Enfin, à Jean-Luc Petitrenaud ainsi qu'à tous les lecteurs anonymes, à mes proches, mes amis ou aux membres de ma famille que je remercie pour leur excellent accueil et leurs remarques chaleureuses au sujet de mon précédent livre *Mes tatins salées et sucrées*.

Achevé d'imprimer en janvier 2004
sur les presses de l'imprimerie Vincenzo Bona à Turin

Dépôt légal : février 2004
Imprimé en Italie